U0491507

地缘政治理论创新高地研究丛书

GEOPOLITICAL

罗圣荣 等◎著

云南参与澜湄国际减贫合作研究

The Study of Yunnan’s Participation in

INTERNATIONAL POVERTY REDUCTION COOPERATION

under the Lancang-Mekong Mechanism

中国社会科学出版社

图书在版编目（CIP）数据

云南参与澜湄国际减贫合作研究／罗圣荣等著．—北京：中国社会科学出版社，2023.8

（地缘政治理论创新高地研究丛书）

ISBN 978-7-5227-2428-7

Ⅰ.①云… Ⅱ.①罗… Ⅲ.①扶贫—国际合作—研究—云南、东南亚 Ⅳ.①F127.74②F133.054

中国国家版本馆 CIP 数据核字（2023）第 152984 号

出 版 人 赵剑英
责任编辑 马 明
责任校对 王 帅
责任印制 王 超

出 版 中国社会科学出版社
社 址 北京鼓楼西大街甲 158 号
邮 编 100720
网 址 http://www.csspw.cn
发 行 部 010-84083685
门 市 部 010-84029450
经 销 新华书店及其他书店

印 刷 北京明恒达印务有限公司
装 订 廊坊市广阳区广增装订厂
版 次 2023 年 8 月第 1 版
印 次 2023 年 8 月第 1 次印刷

开 本 710×1000 1/16
印 张 11.5
插 页 2
字 数 165 千字
定 价 59.00 元

《地缘政治理论创新高地研究丛书》
编 辑 委 员 会

前　言

《云南参与澜湄国际减贫合作研究》是课题组结合云南经济发展和澜湄国家的需求，在申报成功相关课题的基础上完成的研究成果。在课题组的努力下，本项目公开发表了若干篇学术论文，提交数份咨询报告获得领导批示，取得了具有一定理论和实践价值的成果。

本书共分为五章，具体如下。第一章是云南参与澜湄合作机制下国际减贫开发合作的研究背景与意义。主要分析了全球政治经济形势及中国周边地缘政治环境的变化。基于云南省面向南亚、东南亚辐射中心的战略定位的大背景，阐明云南参与澜湄合作机制下国际减贫开发合作，具有推动构建人类命运共同体、夯实“一带一路””精神内涵，也具有丰富中国周边外交实践和塑造中国良好国家形象的意义。云南省通过开展国际扶贫合作，将在满足云南巩固减贫成效和促进发展需求的同时，提升中国在周边国家影响力、感召力、塑造力。第二章是澜湄地区贫困现状及其对国际减贫开发合作的需求分析。位于湄公河流域的缅甸、泰国、老挝、柬埔寨和越南部分地区，受诸多因素影响，贫困问题尤为严重，对五国经济社会发展产生了严重的阻碍作用，规模大、分布广、程度深、传递性强是五国贫困现状的共同特征。第三章是澜湄地区国际减贫开发合作机制的现状及启示。经过区域内外国家的共同努力，本区域已建立多种形式的减贫合作机制与倡议，为促进本区域解决贫困问题、推动可持续发展作出了巨大的贡献，取得了显著的成果，为云南参与澜湄区域国际减贫合作提供了参考。第四章是云南参与澜湄合作机制下国际减贫开发合作的机遇与挑战。云南作为面向南亚、东南亚的辐射中心，其市场和资源基础、丰富的减贫工作实践经验，为参与澜湄合作机制下国际减贫开发合作提供了难得的优势和历史性机遇。同时，云南在减贫主体、理念和方式等方面或面临着一定的挑战。第五章是云南参与澜湄合作机制下国际减贫开发合作的对策建议。针对以上分析，本部分从丰富参与主体、协调减贫理念 、创新实施路径、加强减贫成效评估四个方面提出了对策建议。

目　录

第一章

云南参与澜湄合作机制下国际减贫开发合作的研究背景与意义

第一节 研究背景

一 全球政治经济形势的变化

近年来，国际政治经济形势越发向复杂而深刻转变。首先，国际力量格局发生了实质性的变化。冷战结束后，大国关系变动，世界政治格局持续动荡，存在极大的不稳定性与不确定性。随着世界多极政治经济力量的崛起，国际政治形势逐渐向着均衡的方向发展。欧盟的第五次扩张、中国崛起、俄罗斯的复兴势头、日本经济走出低迷状态等因素影响了大国关系的格局，以及印度、巴西等国的快速发展，表明了世界向着多极化发展的趋势。其中，美中、美俄关系变化已成为影响大国关系和世界格局的主要影响因素。从战略上看，美国将中国视为头号战略竞争对手。2017 年底以来，美国发布的一系列有关国家安全和国防战略的重大报告都清楚地阐明了这一意图。如美国 2017 年 12 月发布的《国家安全战略》报告中，明确将中国定为“竞争对手”和“修正主义国家”，2018 年 1 月美国国防部发布的《国防战略报告》同样将中国视为“战略竞争者”。2018 年，除在经贸领域的贸易战外，中美在其他领域的关系也逐渐紧张。特别是美国及其盟国不断挑战中国底线，使中美关系的对抗性不断增强。同时，美俄关系在2018年也持续走低，特朗普与普京之间的对话并未给两国关系带来转机。在叙利亚、乌克兰、伊朗等问题上，美俄关系日益紧张，美国对俄罗斯的制裁仍在继续。美俄之间的军演愈演愈烈，且更具针对性。特别是在拜登上台后，俄美关系急转直下。特别是作为非正式北约国家的乌克兰，和北约一起在俄罗斯门口大张旗鼓搞军演，并让美军战斗机进驻乌克兰。2020年新冠疫情暴发推动"百年未有之大变局"加速演进，为大国竞争增添了新变量，地区热点变乱交织，大国竞争战略规划的难度和要求也将显著提升。①大国博弈不仅对现有国际秩序构成挑战，扩大了国家间信任赤字，导致国际多边主义合作充满变数。

其次，全球经济治理格局发生重大变化。非西方经济力量的提升在百年变局中最为显著，其在国际经济格局中的地位和作用日益与西方经济力量并驾齐驱，共同推进世界经济增长和发展。一方面，全球经济治理体系进入加速变革期。2008年国际金融危机爆发后，全球经济秩序进入深度调整期，对全球经济治理体系的改革越发紧迫。自2017年特朗普上任美国总统以来，以美国为首的西方发达资本主义国家大行单边主义，"逆全球化"风潮在全球此起彼伏，并且有愈演愈烈之势，在恶化全球经济形势的同时，加剧了全球治理赤字。全球性议题和挑战持续增加，世界经济依然复苏乏力，全球经济增长动能明显不足，仍需要通过变革来寻求解决方案。② 同时，受疫情影响，发达经济体、发展中国家及新兴经济体的经济不确定性、不均衡性、不稳定性陡然增加。另一方面，全球范围的区域经济合作势头高涨。区域经济合作制度安排的加速崛起，实现了资源更广泛地优化配置和经济成长空间的进一步扩展，已成为目前全球各国拓展对外贸易，保障区域经济安全与加速全球布局

① 王存刚：《大国博弈的新动向与新变量》，《人民论坛》2020年第22期。

② 卢静：《全球经济治理体系变革与中国的角色》，《当代世界》2019年第4期。

的主要途径和多数国家普遍的选择。[①] 2020 年底，《区域全面经济伙伴关系协定》（RCEP）签署以来，合作性、包容性的区域多边主义趋势增强，逐渐发展为全球贸易治理体系的新平台，同时作为全球化的重要补充，正在蓬勃发展。《全面与进步跨太平洋伙伴关系协定》（CPTPP）和《数字经济伙伴关系协定》（DEPA）等区域合作协议与区域自贸协定谈判进程持续加快，对制定全球贸易新规则发挥着重要作用。此外，全球产业链面临重塑和调整。疫情在全球范围暴发后，世界各国普遍受到严重冲击，全球产业链被影响甚至破坏，一度造成严重的“断链”风险。同时，中美贸易产业链竞争在国家竞争中重要性的上升，也对全球产业链造成冲击，加大了贸易成本和地缘政治风险，呈现产业链区域化、短链化、备份化趋势。[②]

多年来，无论国际形势如何变化，实现和平与发展依旧是时代主题。毋庸置疑的是，当今的人类社会已是“你中有我、我中有你”的命运共同体，国家间命运休戚相关、利益高度融合。与此同时，全球可持续发展取得一定积极成果，国际发展合作聚焦落实于《2030 年可持续发展议程》。然而，消除贫困一直是全球可持续发展中的一大难题，至今仍有众多人口生活在极端贫困之中，减贫事业依然是国际社会经济发展中所共同面对的重大挑战。《2030 年可持续发展议程》则为全球减贫努力和减贫合作设定了更高标准，也对国际合作提出了更高要求。传统经济学认为，贫困的发生与宏观经济水平有直接联系，宏观经济增长对减贫具有积极的推动作用，即经济越发达，贫困率越低。因此，未来国际社会如何达成最大限度合作，共同减缓疫情带来的全球经济衰退，如何继续聚焦减贫难题，确保相对前瞻的可持续发展议题不会分散自身有限资源，都是各国减贫可持续性问题解决的政策挑战。

---

① 李鸿阶、张元钊：《全球经济形势新变化与中国新发展格局构建》，《当代世界》2021 年第 6 期。

② 陶涛：《全球产业链重塑的新动向》，《人民论坛 · 学术前沿》2022 年第 7 期。

二　中国周边地缘政治环境的变化

周边地区是中国稳定、和平发展的重要依托。地缘政治环境与国际格局现状以及未来发展趋势密切相关。现实证明，中国的快速崛起决定了大国关系必然与周边环境的变动密切相关，进而影响到中国的周边外交。[①] 冷战结束以来，全球地缘政治格局进入了重大演变时期，中国周边秩序经历了艰难的调整和重构，逐步走向和平稳定与发展阶段，周边合作在中国外交全局中的重要性也更加凸显。

然而，中国周边地缘政治环境仍面临挑战，给中国相对平稳的发展环境带来较大变数。随着"一带一路"倡议的推进，美国、日本、印度等国在中国周边的竞争不断加剧，对抗态势持续恶化。一是美国政府故意将"一带一路"倡议解读为中国试图控制欧亚大陆的中心地带，揣测其对美国的世界霸权构成挑战，与其"新丝绸之路"战略和亚太再平衡战略形成对冲。其中，"新丝绸之路"计划进一步整合美国的中亚和南亚政策，展现出浓厚的意识形态色彩和显著的地缘战略意图。"亚太再平衡战略"旨在抵消中国在亚太地区逐渐加强的影响力，继续维持美国在该地区的优势地位。[②] 特朗普执政初期，虽一度忽视东南亚，降低了东南亚在美国国家战略中的地位，但随其外交政策走向日益清晰以及"印太战略"的提出，东南亚仍旧被美国视为制约中国崛起的关键力量。美国不仅同东南亚国家展开一系列高层互访，还与东盟各国就军事安全展开相关合作，以应对来自中国的"挑战"。二是中国"一带一路"倡议提出后，日本在东南亚和中亚等地区蓄势发力，与中国展开地缘竞争。日本试图与菲、越等国串联，共同对中国施压，以谋求控制海上战略通道、谋取政治大国的资本以及谋划东亚地区主导权[③]，对中国施加了负面影响。此

---

① 祁怀高等：《中国崛起背景下的周边安全与周边外交》，中华书局 2014 年版，第 251 页。

② 凌胜利：《"一带一路"战略与周边地缘重塑》，《国际关系研究》2016 年第 1 期。

③ 何火萍：《冷战后日本与东南亚合作的地缘战略思考》，《湖北经济学院学报》（人文社会科学版）2009 年第 1 期。

外，在美国“印太战略”提出以后，日本以日美关系为基石，积极响应自由开放的“印太战略”，在美国试图遏制中国崛起的一系列行动中扮演着积极角色，从而导致中国周边环境无法好转。三是印度“东向政策”逐渐纵深化，其较强的“制华”因素正在冲淡对华合作面。[①] 进入 21 世纪以后，印度注重发展“以东盟为核心”的亚太地区政治经济安全关系，加强东南亚与南亚跨地区合作，并积极同日本和美国在印太地区展开合作，但印度与部分东南亚国家达成的协议或是共识则是实质性介入南海问题，意在阻止中国实现主权利益，其与日本联手推进的“亚非增长走廊”也存在针对中国的意图，很大程度上被认为是抗衡“一带一路”的重要措施。

近年，中国的周边政治环境大体上呈现向利好方向发展的趋势，但中国的周边外交困境仍旧无法得以根解，周边形成了一道“动荡弧”。经过中国政府一系列奋发有为的外交努力，在东北亚地区，朝核问题的紧张气氛逐渐降温，朝鲜半岛局势趋于稳定。在东南亚地区，南海争端实现转圜，中国与越南、菲律宾等声索国间未再出现激烈碰撞，《南海行为准则》磋商亦取得突破性进展。在南亚地区，中印边界问题等逐渐平息。但要考虑到，上述问题在短期内无法根本解决，也很难保证这些问题在特定情况下不会被激化。同时，中国综合国力的迅速增长及崛起后对旧有美国主导的国际秩序的冲击，在美、日等国的挑动之下，周边地区部分国家对中国存在疑虑，致使中国周边环境仍旧面临重重困难，且在短期内难以克服。

中国周边地区中，东南亚地区具有极为重要的地缘政治、经济和安全战略意义，起着过渡和缓冲的作用，是中国周边外交布局中重点经营部分。然而，东盟内部差异明显且发展不平衡，部分国家依然存在不同程度的贫困问题，阻碍其整体经济水平和社会发展进步，也让东盟组织面临着来自多方面的挑战。东盟目前仍有超过 20% 以上的人口生活在

① 李莉：《印度东进战略与印太外交》，《现代国际关系》2018 年第 1 期。

贫困线以下，这意味着东盟国家要实现《2030 年可持续发展议程》消除贫困的目标仍有很长的路要走。[①] 亚洲开发银行表示，2021 年东南亚最极端贫困人口增加了 470 万人，极端贫困人口（定义为每天生活费低于 1.90 美元的人口）为 2430 万，占东南亚 6.5 亿总人口的 3.7%。[②] 贫困人口和贫困地区是东南亚社会的重要组成部分，关注并有效带动当地贫困地区实现经济、社会、环境收益是中国的利益攸关点，也是中国借助新合作模式争取提升在周边国家的信任度的重要举措。

三　云南省面向南亚、东南亚辐射中心的战略定位

随着丝绸之路经济带和 21 世纪海上丝绸之路的提出与推进，云南省因独特的区位优势显得举足轻重，逐步从中国对外开放的“末梢”变为开放的前沿和辐射中心，确定了面向南亚、东南亚辐射中心的战略定位。云南省是中国境内边线最长、接壤国家数最多的省份之一，地处中国西南部，与越南、老挝、缅甸三国接壤，与南亚及其他东南亚国家临近，是中国、东南亚和南亚三大经济圈的接合部，是中国陆路建设连接南亚东南亚国际大通道最便捷的省份，拥有面向“三亚”（东亚、东南亚、南亚），肩挑“两洋”（太平洋、印度洋），通江达海的独特区位优势。借此，云南省一直在探索扩大对外开放、加快发展的道路。20 世纪末，云南省提出建设中国连接东南亚南亚的国际大通道。其后，云南省又根据国家要求积极推进建设面向西南开放重要“桥头堡”。2019 年 2 月，国家发展改革委印发了《关于支持云南省加快建设面向南亚东南亚辐射中心的政策措施》，提出云南可以从深化与周边国家农业合作、基础设施互联互通和产能合作、经贸合作、金融合作、人文交流五

---

① 王利文：《东盟脱贫的机遇与挑战》，中国日报网，2020 - 11 - 17，https：//chuangxin.chinadaily.com.cn/a/202011/17/WS5fb3b8a9a3101e7ce9730183.html。

② “COVID - 19 Pushed 4.7 Million More People in Southeast Asia Into Extreme Poverty in 2021, But Countries are Well Positioned to Bounce Back—ADB | Asian Development Bank”, https：//www.adb.org/news/covid - 19 - pushed - 4 - 7 - million - more - people - southeast - asia - extreme - poverty - 2021 - countries - are - well.

大方面，贯彻落实自身面向南亚、东南亚的战略定位，① 进一步提升了互联互通水平，凸显了云南沿边开放的独特区位优势。

面向南亚东南亚辐射中心，是在实施“一带一路”倡议的框架下对云南省提出的指导性定位，是以习近平同志为核心的党中央赋予云南的历史使命和政治责任，也是云南省主动服务和融入国家重大发展战略的重要机遇和平台。② 具体而言，云南建设面向南亚东南亚辐射中心，最重要的是紧紧抓住战略机遇期，形成开放合力，成为面向南亚东南亚的区域性经济中心、战略枢纽，高水平推进对外开放，并以高水平开放推动高质量发展。面对近年来持续的全球化“逆风”和新冠疫情冲击，云南与澜湄国家在各领域的交流持续发力，吸引了越来越多的国际合作伙伴，在推动周边命运共同体构建中具有不可替代的独特作用。

时任总理李克强在出席“东盟 10 + 3”领导人会议期间提出“东亚减贫合作倡议”，与相关国家开展乡村减贫推进计划，建立东亚减贫合作示范点。云南省是澜湄减贫合作前沿省份，当前，由省国际扶贫与发展中心承担实施的中国援缅甸减贫示范合作技术援助项目已正式启动实施，该项目是习近平总书记在“南南合作”圆桌会上提出的向发展中国家提供的 100 个减贫项目之一。但与云南省接壤的老挝、越南两国贫困问题一直是东亚减贫合作的弱势，也是深化澜湄减贫合作的关键一环。作为中国面向东南亚地区对外开放的重要门户，云南省 8 个沿边州（市）及其边境县等各级政府在与缅、老、越相邻相近地方政府合作中起着重要作用。近年来，云南省在良好基础与机遇下，持续发挥在澜湄减贫合作中的主体和前沿省份的地位，在构建陆海内外联动、东西双向互济的开放格局中起到了更加积极的作用，在参与澜湄合作机制下国际

① 《关于支持云南省加快建设面向南亚东南亚辐射中心的政策措施》，云南省发改委网，2019 - 03 - 18，http：//www. yndpc. yn. gov. cn/content. aspx? id = 885832138171。

② 《云南：构筑对外开放新高地》，《云南日报》，2022 - 01 - 12，http：//yn. news. cn/newscenter/2022 - 01/12/c_ 1310420166. htm。

减贫开发合作中展现出重要支点作用，深入贯彻落实国家安排部署，积极主动与湄公河国家交流减贫经验，全力做好中国援老、援越等减贫示范合作技术援助项目。

第二节 研究意义

一 国家层面

（一）推动构建人类命运共同体

澜湄机制下参与国际开发合作有利于推动构建人类命运共同体。人类命运共同体这一“中国方案”的终极目标，在于构建全球各国和全人类相互平等、相互尊重、合作共赢的新型国际关系，是一个系统且长远的工程，也是一个宏大有历史意义的方案。以澜湄区域为起点与试点，积累具体路径和有效措施等方面的经验，提供示范带动，积累合作成果，扩大影响面和认知面，提升参与度和认可度，增强与其他国家的合作信心，为推动构建人类命运共同体提供理论参考和经验借鉴。[①] 云南参与澜湄合作机制下国际减贫开发合作，是中国引领构建人类命运共同体的生动实践和重要板块，也是维护发展中国与湄公河国家双边关系深厚友谊的具体体现，这一减贫合作将成为推动构建周边命运共同体的重要力量。

国际发展援助和减贫合作的行动与实践，充分彰显了人类命运共同体同舟共济、命运与共的共同体意识和理念。[②] 首先，澜湄国家与中国存在天然紧密联系，是中国构建人类命运共同体的重中之重。中国以云南省为切入点，参与澜湄合作机制下国际减贫开发合作研究，对促进中国与澜湄国家联动发展具有重大意义，是构建中国—周边国家命运共同

---

① 云南省社会科学院：《卢光盛：深入推进澜湄合作机制 共建澜湄国家命运共同体》，2018－07－30，http：//www. sky. yn. gov. cn/ztzl/zg－nyzklt/zgsd/3540777381321160488。

② 张伟玉、王志民：《人类命运共同体视域下国际发展援助与减贫合作的模式创新》，《中国高校社会科学》2020 年第 2 期。

体的重要组成部分。其次，云南参与澜湄合作机制下国际减贫开发合作是各方共同的需求和期望，以“包容发展、合作共赢”价值观作为引领，有助于中国同周边国家一道竭力走出发展困境，进而命运与共，携手打造周边命运共同体。再次，协助澜湄国家减贫，是中国秉持亲诚惠容的周边外交理念，坚持睦邻、安邻、富邻的最佳实践，将有力促进中国与澜湄国家共建命运共同体。通过澜湄机制改善沿线国家的贫困状况，中国与澜湄国家的政治、经济、文化和人员往来将进一步密切，推动各方优势互补，实现合作共赢。在此基础上，可进一步完善人类命运共同体理论的发展，将减贫合作嵌入人类命运共同体理念并加以创新发展，对构建次区域国家命运共同体有重要启示意义。最后，老挝和越南两国是中国周边地区的关键国家，随着美国强势介入东南亚，中国依靠经济合作拉动双边、多边关系的策略明显遇到障碍。通过减贫合作中减贫政策信息、经验的共享，有助于人类命运共同体理念的传播，可以高效地向周边地区传达与之共建命运共同体的理念，进一步夯实周边命运共同体的基础。

（二）夯实“一带一路”精神内涵

澜湄机制下推进云南参与国际合作减贫，将夯实“一带一路”的精神内涵。首先，“一带一路”是互利共赢之路，是开放合作之路。这是属于中国与沿线国家共同进步的发展道路，不仅为中国发展提供多重道路，还能为沿线发展中国家、落后国家创造发展机遇，提供发展动力。正如第一届“一带一路”国际合作高峰论坛上签署的《“一带一路”国际合作高峰论坛圆桌峰会联合公报》所指，“各国特别是发展中国家仍然面临消除贫困、促进包容持续经济增长、实现可持续发展等共同挑战”①。共建“一带一路”带动沿线国家经济发展与产业升级，为

---

① 《“一带一路”国际合作高峰论坛圆桌峰会联合公报》，《人民日报》2017 年 5 月 16 日第 5 版。

世界经济持续复苏做出重要贡献，为各国企业合作创造新机遇，为经济低迷的欧美发达国家创造新市场。[①] 而在澜湄机制下推进国际合作减贫，不仅能够带动老挝、柬埔寨等国家迅速减少贫困人口、实现经济健康发展，还能促使作为一个足够强大的经济体自行融入“一带一路”建设。

其次，“一带一路”倡议是中国同沿线国家实现民心相通的桥梁和纽带。在澜湄机制下参与国际合作减贫，将加快建立澜沧江—湄公河沿岸国家对中国的好感，从而进一步促进民心相通。“一带一路”倡议是一项前所未有的系统工程，可作为联通中国梦和世界梦的重要抓手，也可增强人类命运共同体的情感基础与利益共识。正所谓国之交在于民相亲，民相亲则源自心相通。共建“一带一路”既需要资本、技术、资源等物质投入，也需要情感投入。中国参与国际合作减贫将会传承和弘扬丝绸之路友好合作精神，培植与周边国家的地缘情感，增强中国的凝聚力、亲和力与感召力，促进双方民心相通。再次，“一带一路”倡议借助已有的多边合作机制与平台，为区域内的合作发展创造契机。尤其减贫的本质是增加贫困居民收入和就业机会，为此，需要创造有利条件，如改善道路交通设施，增加生产投资，开设企业和其他合作项目。在澜湄机制下参与国际合作减贫，“一带一路”倡议则提供了最为适合的国际合作平台，将进一步改善澜沧江—湄公河沿岸某些国家落后的经济状况，推动它们参与“一带一路”倡议进程。

（三）丰富中国周边国际合作实践

在澜湄机制下推进云南参与国际合作减贫，这既是中国与澜湄国家经济和社会发展的共同需求，也是丰富中国周边实践的必然要求。首先，参与周边国家的国际减贫合作将有效丰富中国周边国际合作，为中国搭建一个诠释新型国际关系、推动互利共赢新篇章的平台。良好的周

---

① 王进：《把握“一带一路”倡议的深层内涵》，《中国教育报》2019 年 4 月 25 日第 5 版，第 1 页。

边外交是中国社会经济全面发展的必备外部条件。在中国和平崛起、大国博弈东南亚的新时代背景下，为把握战略机遇期，同时为国内发展创造良好的国际环境，中国将周边外交置于外交格局中的重要地位。

一方面，加快帮助澜湄国家减贫，将极大地便利中国与减贫国家在政治、经济、文化等方面的交往与合作，也将务实实践中国“睦邻、安邻、富邻”“与邻为伴，以邻为善”周边外交政策和“亲、诚、惠、容”周边外交理念。一直以来，澜湄地区是国际社会开展减贫工作的重点区域，尽管国际减贫合作取得了一定成绩，贫困问题却依旧突出。“共饮一江水，命运紧相连”，在习近平新时代中国特色社会主义思想指引下，云南持续推进减贫示范合作技术援助项目，进一步提高其相关部门的减贫能力，为澜湄减贫合作拓展思路，助力澜湄次区域国家减贫。另一方面，澜湄机制下推进云南参与国际合作减贫，将使澜湄国家更多地从中国以及云南的发展中受益，可以进一步巩固睦邻友好关系，增进各国间的战略互信。对于发展中国家而言，以减贫为重要内容的治国理政经验交流，已成为中国与其他发展中国家关系的一个重要方面，成为新时代中国特色大国外交的一个重要亮点。[①] 当前，中国已在双边层面与柬埔寨、老挝、缅甸等国就构建命运共同体签署行动计划或合作文件，使周边命运共同体建设由理念向现实迈进了重要一步。此外，周边地区环境影响着国家主权安全和边疆的稳定繁荣。在国际合作减贫中可开展多领域合作，在兼顾“守疆固边”的同时，更大程度地转向“兴边富民”的“跨境”合作，[②] 加大与周边国家尤其是澜湄国家间的互联互通与交流融合力度，帮助澜湄次区域国家提升减贫能力，同时，有效遏制西方发达国家向周边渗透的势头，为中国与周边国家深度联结创造长期和平稳定的环境。

---

① 罗建波：《中国与发展中国家的治国理政经验交流：历史、理论与世界意义》，《西亚非洲》2019 年第 4 期。

② 中国南海研究院：《苏浩：开展“镶边外交”黏合中国与周边》，2021 - 01 - 01，http：//wi. nanhai. org. cn/info - detail/26/10356. html。

（四）开创减贫国际合作新模式

澜湄机制下，云南省参与国际减贫开发合作将为国际减贫开创新模式，牵头搭建多边合作平台，推动世界同步发展，加快全球减贫进程。习近平总书记指出，“推动建立以合作共赢为核心的新型国际减贫交流合作关系，是消除贫困的重要保障”①。在过去数十年里，中国支持联合国、世界银行等国际减贫事业，同其他发展中国家始终坚持不懈地与贫困作斗争，力图增进广大人民的福祉，在这一艰苦卓绝的过程中，创造了典范型减贫成效。

一是中国以大规模减贫的突出成绩加速世界减贫进程，提供了多样化援助支持，为全球减贫事业提供充足资源和强劲动力，丰富了世界贫困治理理论。在澜湄流域，随着中国启动的澜湄合作机制（LMC）成为大湄公河次区域经济合作（GMS）的升级版，搭建新型的高阶国际减贫合作平台，将国际减贫合作纳入了该机制日常关注、讨论、实施的议题。作为中国引领的全方位、宽领域的国际减贫合作平台，中国发挥自身优势，整合社会资源，凝心聚力共同应对该流域的贫困问题，此合作平台关注的减贫对象主要集中在柬埔寨、老挝两国，这将为两国深入实施国内减贫政策提供巨大的国际环境支持，而且中国参与老挝的减贫合作已经被纳入了中国—东盟的国际减贫合作机制中。二是开创了不带有政治附加条件的减贫合作模式，丰富了全球减贫国际公共产品，为全球减贫事业贡献了中国智慧和中国力量。中国的基础设施建设、产业扶贫、金融扶贫、教育扶贫、健康扶贫、生态扶贫、易地搬迁、社会保障兜底等中国式扶贫做法，推动了全球减贫事业的进程，坚定了其他发展中国家消除贫困的信心，为全球减贫治理提供了新动力源。中国的减贫合作侧重受援国的长远利益和基础工作，项目选择重在道路、桥梁、发电厂等大型基础设施建设。中国引领的新形式的国际减贫合作有助于推

---

① 中共中央党史和文献研究院编：《习近平扶贫论述摘编》，中央文献出版社2018年版，第154—155页。

动发达国家加大对发展中国家的发展援助，构建更加平等均衡的新型全球发展伙伴关系，为减贫营造良好外部环境，不断增强国际减贫的内生动力。三是根据澜沧江—湄公河沿岸国家的实际情况，开创了以基础设施为首的国际减贫合作模式。国际减贫开发合作中坚持中国援助为主渠道，发展中国家合作为补充的国际发展合作格局，重塑着国际发展援助体系，促进了援助方式的多样化。在澜湄机制下，农业国际合作也是中国参与澜湄国家减贫的重要方式。目前的澜湄国家，尤其是老挝、柬埔寨等国，农业仍占据国内生产总值的大部分，加之贫困主要集中在农村地区，农业合作便为战胜饥饿、消除贫穷、实现粮食和营养安全提供了最佳的机遇。澜沧江—湄公河合作首次领导人会议发布的《三亚宣言》，将农业减贫合作确定为澜湄合作机制初期五个优先方向之一，与湄公河国家合作提高农业发展水平，以此带动经济的持续增长，最终帮助发展中国家或欠发达国家摆脱对外依赖，从而实现自主发展，从根本上减少贫困。

（五）塑造中国良好国家形象

参与澜湄合作机制下国际减贫开发合作，有利于营造中国负责任的良好大国形象。当下，以美国为首的西方国家以其惯用的冷战思维来看待中国的迅速崛起，在世界范围内宣扬中国威胁论，肆意抹黑中国的国际形象，这在一定程度上放慢了中国推进国际项目、促进与相关国家友好关系的步伐。中国一直是全球减贫合作的积极倡导者，通过澜湄合作机制下国际减贫开发合作，将在一定程度上缓解中国目前所面临的负面形象危机，进一步向地区国家和世界展现中国负责任大国形象，提高中国在全球贫困治理中的影响力、感召力和塑造力。

首先，有助于营造和平的国家形象。中国一向是一个热爱和平、追求和平、维护和平的国家。在和平共处原则的指导下，中国与周边国家的睦邻友好关系可以通过国际减贫合作得到进一步扩展和深化，避免周边国家陷入美西方舆论阵营中，充分展现中国和平发展、合作共赢的外交形象。其次，有助于营造负责任的国家形象。2011 年，中共中央、国务院颁发《中国农村扶贫开发纲要（2011—2020年）》，明确指出“通过走出去、引进来等多种方式，创新机制，拓宽渠道，加强国际反贫困领域交流。借鉴国际社会减贫理论和实践，开展减贫项目合作，共享减贫经验，共同促进减贫事业发展”①。2020年中国已正式进入“全面小康”社会，中国的减贫事业也发生了巨大变化。国际社会从积极支持参与中国扶贫事业，转变为要求中国政府积极履行更多的国际责任，分享更多的中国扶贫经验和成果。再次，有助于打造智慧型的国家形象。如前所述，近些年来，国际政治经济形势复杂多变，发展中国家长期处于西方大国制定、主导下的国际政治、经济秩序，被迫接受各类不公正待遇。而澜沧江—湄公河的沿岸国家中，大部分国家的经济水平处于落后水平。鉴于此，中国积极贡献中国智慧，在澜湄机制下构建同相关国家平等互惠的经贸合作关系，一方面可带动老挝、柬埔寨等国家脱贫，另一方面可推进建设各种区域合作机制，进而展示中国领导下的“全球贫困治理”方案。故而，中国积极参与世界、区域范围内的减贫合作，彰显了自己作为世界上最大发展中国家所应承担的国际责任。

二　云南省层面

（一）发挥地缘优势，体现“一带一路”建设重要门户作用

依托云南省情和地缘优势地位，云南省参与澜湄合作机制下国际减贫合作将更好发挥云南的区位和沿边开放优势，强化云南在“一带一路”建设中的战略地位和引领作用。一方面，云南省独特的地区位置决定了其在面向东南亚国家减贫合作的独特作用。鉴于云南的优势地理区位，且与周边各国的联系密切，尤其云南边境少数民族与老挝和越南两国人民有着相似生活习俗，为云南参与澜湄合作机制下减贫合作提供了有利条件。当前，云南的沿边开放可以依据自身独特的区位优势，在

① 《中共中央、国务院印发〈中国农村扶贫开发纲要（2011—2020年）〉》，《老区建设》2011年第23期。

使丝绸之路经济带内联外通，与海上丝绸之路交汇形成完整的“一带一路”倡议布局方面，发挥重要的支点作用。[①] 以援助老挝和越南两国为重点，有助于云南省继续发挥云南在澜湄减贫合作中的主体和前沿省份的地位，利用与湄公河国家传统友谊世代相传、经贸和人员往来频繁的优势，不断探索深化澜湄减贫合作的新思路、新机制、新办法，架起区域脱贫致富的桥梁，当好和平发展的使者，使湄公河国家民众更好地分享中国经济社会发展成果。同时，云南省参与国际减贫也将有助于发挥中国在地缘政治中的引领作用，实现地缘空间的延伸、拓展，对稳边固边，促进民族团结也具有重要作用。

另一方面，作为“一带一路”连接交会支点上的云南，发展愿景让人充满期待。当下，云南省参与“一带一路”建设最大的瓶颈就是设施联通方面。通过参与国际减贫合作，云南能够在此基础上实现真正的跨边境的区域小周边合作，为“一带一路”建设注入新动力。立足国家战略对云南省的发展定位，云南拥有 25 个国际口岸，贸易伙伴覆盖全球，积极提高通关便利化水平，全面开展了瑞丽国家重点开发开放试验区、临沧国家级边境经济合作区建设，红河综合保税区正式封关运营，勐腊（磨憨）重点开发开放试验区、昆明综合保税区获得国家批复，成功举办了南亚博览会和昆明进出口商品交易会。[②] 这为云南深度融入共建“一带一路”提供了良好基础，有助于云南省深度融入“一带一路”建设，完善通道内线路布局，贯通沿边高速、提高出省出境通道的立体互联水平。

（二）开发共同市场，提升沿边开放水平

云南省参与澜湄机制下的国际减贫合作有助于开发共同市场，提升沿边开放水平。就产业发展而言，云南省与澜湄国家在产业和产品上各

---

① 杨琦、张洪波、郭新榜：《沿边开放主动融入“一带一路”倡议研究——以云南为例》，《学术探索》2017 年第 7 期。

② 《云南省“十四五”区域协调发展规划》，云南省人民政府，2022 - 04 - 21，http：//www. yn. gov. cn/zwgk/zcwj/zxwj/202204/t20220421_ 241076. html。

具特色，具有很强的互补性，具备了开展双边、多边合作开发共同市场的广阔潜力，尤其在农产品合作上有着巨大的市场前景。云南与湄公河流域国家地理毗邻、海陆相连，沿边地区在对外交往中有着不同于腹地的发展优势，可利用天然的地理区位优势与相邻国家相邻相近地区进行直接交往。随着云南经济持续增长，农业结构供需矛盾凸显，农副产品进口强劲，为深化与湄公河流域国家农产品贸易合作提供了战略机遇与广阔市场。[①] 与此同时，云南与澜湄国家在产业产品上具有很强的互补性，具备了开展双边、多边合作开发共同市场的巨大潜力，进出口产品主要涉及机电、农产品、磷化工、金属矿砂等。自 2016 年 3 月澜湄合作机制正式启动以来，云南与澜沧江—湄公河流域国家的贸易往来日益密切。2021 年，中国与湄公河国家贸易额达 3980 亿美元，同比增长 23%。[②] 澜湄国家对云南来说也是巨大的市场，通过国际减贫合作，云南将与湄公河沿岸国家展开更多经济合作。

此外，开展减贫合作实质上是帮助澜湄国家融入区域合作，也是云南省开发的必要条件，不仅有利于老挝、越南、柬埔寨等国更加广泛深入地参与经济全球化进程，提高其产品国际竞争力，还将吸引大量的外国投资，进一步扩大经贸合作，为澜湄国家提供更多就业机会和脱贫机会。未来，减贫合作将完善云南省边境地区与周边国家、重点城市在投资贸易、文化科技、公共卫生、基础设施、生态环境等方面的合作机制，云南沿边城市的开放水平将大大提升。

（三）增强减贫能力，带动省内建设发展

云南省参与国际减贫行动，在一定程度上也可以强化自己的减贫能力，带动省内建设发展。云南地处祖国西南边疆，边界线漫长，与缅甸、老挝、越南三国接壤，集边疆、山区、民族、贫困为一体，受自然

---

① 郑国富：《“澜湄合作”背景下中国与湄公河流域国家农产品贸易合作的路径优化与前景》，《对外经贸实务》2018 年第 4 期。

② 《中国参与澜湄及湄公河次区域合作 2021 年十大新闻》，《云南日报》，2022-02-09，https://yndaily.yunnan.cn/content/202202/09/content_51169.html。

资源、地理环境等多重因素的限制，位于边境地区的县城或村寨减贫能力较弱。云南省依托独特的地理优势与大量的劳动力，在发展边境贸易时具备了良好的优势。随着“一带一路”倡议的提出与稳步推进，云南与邻国的经贸往来逐渐增多，经济得以快速发展。但是受自然资源、地理环境等多重因素的限制，云南省整体经济水平仍旧处于落后的状态，尤其是位于边境地区的县城或村寨。故而，在党中央的领导下，云南一直致力于减贫行动。党的十八大以来，云南脱贫攻坚战取得了决定性进展和历史性成就，但要实现全面打赢脱贫攻坚战、全面建成小康社会目标，还有许多硬仗要打。① 党的十九大做出了实施乡村振兴战略的重大决策部署，云南把巩固拓展脱贫攻坚成果作为“十四五”时期的头等大事和重要政治任务。尽管云南省仍是中国农村贫困面最大、贫困人口最多、贫困程度最深的省份之一，同澜湄国家相比，却在贫困人口、贫困水平等方面仍具有优势。因此，推动云南积极参与澜湄地区的国际减贫活动，将为云南与域中国家发挥产业优势、推动经济合作创造契机，进而带动云南省内的经济发展，提高自身减贫能力。其一，云南参与澜湄合作机制下国际减贫开发合作可以为云南民族边疆地区特殊扶贫政策提供参考，从云南省情出发，选择政府推动策略，可以很好地延续和加强民族边疆地区特殊扶贫政策，通过加强同周边国家睦邻友好，构建和谐的国际周边环境的桥头堡建设战略。其二，深度融入国际减贫合作将发展壮大云南省县域经济，构筑新农村建设的强力支撑，将更好地服务于对外开放总体战略布局，成为云南对外开放合作的新亮点和实现高质量跨越式发展新的增长极。

（四）整合资源优势，推动产业链优化升级

在澜湄机制下，云南参与国际减贫合作，有利于整合资源优势，推动省内产业链优化升级。首先，云南省可充分发挥区位优势，立足优势

---

① 云南省人民政府扶贫开发办公室：《陈豪主持召开脱贫摘帽县党委书记座谈会：攻坚不停步》，2019 - 05 - 27，http：//ynfp. yn. gov. cn/f/view - 8 - cc92ba926afe411eba0bcae17d6d1fd4. html。

资源和地缘特色，大力发展沿边优势产业，拓展开放合作领域，支持沿边重点地区承接国内外产业转移，增强沿边地区开放型产业支撑。如更好发挥云南的自然资源和生态等优势，更加积极主动地融入国内的区域经济和全球经济双循环互动体系，增强自身活力，提升自身势能。[①] 截至2020年，云南全省耗资400亿元建设36座大中型水电站，新增年供水能力30亿立方米以上，[②] 全省弃水电量不超55亿千瓦时，统调水能利用率达到95%以上。云南省电力资源丰富，尤其是水电资源，居全国第二位，电力产业也发展成为云南省支柱产业之一，出现电力过剩现象，资源优势并未充分发挥。因此，云南参与澜湄地区老挝、柬埔寨等国家的国际减贫活动，一方面，可以将劳动密集型产业向上述国家转移，充分利用澜湄国家拥有大量廉价劳动力的优势，将人口优势转化为产业优势；另一方面，可以借助合作减贫将省内相对先进的科学技术、丰富的经验引入澜湄国家，带动澜湄国家产业链升级。与此同时，截至2020年，当前以缅甸为代表的澜湄国家存在着电力资源紧缺的问题，严重制约了产业发展升级，在一定程度上影响了国家的减贫行动。通过国际合作减贫，云南省可充分发挥自身资源优势，通过电力联网等形式将省内丰富的电力输送至有关国家，进而拓宽海外市场，促进产业持续稳健发展，推动产业链优化升级。同时，参与国际减贫开发合作为云南省对外开放提供了战略机遇，在这一合作背景下，云南省将从国家传统的对外开放战略的末端，转变为对外开放，尤其是实施“走出去”战略的前沿区。

（五）打造减贫品牌，提升云南省国际形象

云南省是我国连接南亚、东南亚的交通枢纽和重要门户，参与国际减贫，有利于打造与丰富减贫品牌，提升云南省国际形象。2012年以

---

① 《抓住“一带一路”和RCEP新机遇 构建云南高度开放经济发展新格局》，《云南日报》2021年4月19日，https：//yndaily. yunnan. cn/html/2021 - 04/19/content_ 1410442. htm? div = -1。

② 《云南能源产业新王加冕！力压烟草，400亿打造最强“水电军”》，搜狐网，2021 - 01 - 15，https：//www. sohu. com/a/444677077_ 120045242。

来，我国全面打响脱贫攻坚战，经过 10 年持续努力，脱贫攻坚取得全面胜利，创造了人类减贫史上的伟大奇迹，为全球减贫事业做出了卓越贡献。云南是全国直过民族主要聚居区、脱贫攻坚主战场之一，由云南省国际扶贫与发展中心承担实施的援缅减贫示范合作技术援助项目，是澜湄减贫合作的一项重要内容。通过“走出去”和“请进来”、课堂理论和现场培训等方式，大力推广中国及云南成功的减贫经验，以实际行动提升缅甸相关部门减贫能力，同时结合边境扶贫工作，云南与湄公河国家开展一系列农业减贫合作，切实将自身发展成果更好更多地惠及湄公河国家普通民众。其中，一市连三国的普洱市在与邻国相邻地区地方政府合作中具有自己的特色，其发展对外友好合作的工作格局在全国率先形成了市（县、区）、乡（镇）、村寨的全覆盖，形成了对外缔结友好关系的三级体系，其合作领域涵盖了经贸、文体、卫生、教育、农业、替代种植等多个领域，构建了多样化的发展格局。① 云南省参与国际减贫合作也将帮助云南省企业搭建品牌推广平台和拓展营销渠道，推动本地企业和老挝、越南等当地企业开展品牌推广，在专业国际展会、中国品牌海外展中设立云南国际自主品牌专区，可以提升和树立云南省的国际形象与国际自主品牌形象。

① 普洱市人民政府：《普洱市国民经济和社会发展第十四个五年规划和二〇三五年远景目标纲要》，2021 - 03，http：//yn. gov. cn/ztgg/ynghgkzl/zssswgh/202111/P020211105501707802779. pdf。

第二章

澜湄地区贫困现状及其对国际减贫开发合作的需求分析

第一节 柬、老、缅、泰、越贫困现状分析

贫困是困扰广大发展中国家的一大难题，也是如今全球最为尖锐的社会问题之一。规模庞大的贫困人口会引发一系列的社会问题，对国家或者地区的经济健康发展和社会安定造成严重影响。

位于湄公河流域的缅甸、泰国、老挝、柬埔寨和越南，受诸多历史和政治因素影响，贫困问题尤为突出，对五国经济社会发展产生了严重的阻碍作用。规模大、分布广、程度深、传递性强是五国贫困现状的共同特征。鉴于该地区贫困人口数量十分庞大，且呈现不断上升的趋势，全面落实减贫工作，推行反贫困战略便成为五国政府的必然选择。

一 贫困指数

贫困指数，是指消费标准在贫困线以下的人口在全国或地区的总人口占比，指数越大说明贫困人口越多，贫困问题越严峻。世界各国的贫困人口在众多方面有着相同的特征，例如经济收入低、营养摄入不足、教育水平低下和居住环境差等。关于贫困的界定，各国有着不一样的标准，总的来说，越富裕的国家，贫困标准就越高。目前，计算贫困线广

泛采用的是世界银行购买力平价的办法，即世界银行按照1985年购买力平价来计算每人每天1美元（dollar - a - day，PPP）的消费水准。2015年，世界银行上调了最低消费标准，将最低消费贫困线设立为每人每天1.9美元。湄公河流域五国的贫困指数见表2-1。

表2-1　**湄公河流域五国贫困指数**　（单位：1.9美元/人·天）

国家	国家简称	2012年	2013年	2014年	2015年	2016年	2017年
缅甸	MMR	26.8	26.1	25.6	25.4	24.9	25.1
老挝	LAO	22.7	23.6	23.2	22.9	23.6	21.6
柬埔寨	KHM	16.1	15.1	14	14.2	13.9	13.8
泰国	THA	12.5	11.9	10.5	10.6	9.8	9.7
越南	VNM	8.2	7.9	7	6.8	6.9	6.5

数据来源：世界银行贫困和公平数据库，https：//data.worldbank.org.cn/indicator/SI.POV.DDAY？locations=1W。

按照世界银行公布的数据来看，相比2012年，2017年五国的贫困指数都有所下降。其中，泰国和越南下降的程度十分明显，贫困指数下降了20%左右，说明减贫取得显著成效。老挝和缅甸贫困指数总体呈下降趋势，但下降幅度较小，且存在一定的波动性，在一些年份甚至还出现了反弹现象。从五国贫困指数的排名来看，缅甸和老挝的贫困指数超过20，缅甸更是突破25，意味着每四个缅甸人中就有一个人每日的消费水平低于1.9美元，贫困问题极为突出。柬埔寨的贫困率为13.8%，在五国中属于中间水平，这是由于该国人口数量较少，其贫困人口绝对值不大。泰国和越南的贫困指数均未突破10，并且保持着下降趋势。其中越南的情况较好，数值最低，每年降低的速度最为平均，若保持这一速度发展，在未来几年，越南的1.9美元贫困指数将降到5%以下。

上述有关澜湄国家贫困指数的统计均基于1.9美元，但事实上，将贫困指数的指标固定在每人每天最低消费1.9美元，难以看出一些消费水平刚刚超过 1.9 美元的国民生活水平变化，因为生活水平在这个阶段的人群很容易受到众多原因的影响而滑入贫困线之下。加之全球化程度的加深，各国物价水平不断提升，每人每天消费 1.9 美元以上已经不能代表脱离了贫困。为此，世界银行推出了“升级版贫困线”，即把标准提升为每人每天最低消费 5.5 美元。这便可以看出一个国家或地区的人民“相对贫穷”的程度，能够更加全面地了解该国家或地区的贫困情况。按照每人每天 5.5 美元的标准，湄公河流域五国的贫困指数参见表 2－2。

表 2－2　**湄公河流域五国贫困指数**　（单位：5.5 美元/人・天）

国家	2012 年	2013 年	2014 年	2015 年	2016 年	2017 年
老挝	85	83.2	82.1	81.5	82.5	82.4
柬埔寨	67.1	66.8	66.5	64.1	65.8	66.4
缅甸	69	67.9	68.1	67.2	66.8	65.8
越南	41.5	37.8	35.9	32.4	29	28.5
泰国	13.7	12.6	11.9	11.6	11.8	11.2

数据来源：世界银行贫困和公平数据库，https：//data.worldbank.org.cn/indicator/SI.POV.UMIC？locations＝1W。

根据表 2－2 的数据来看，在贫困标准为 5.5 美元的情况下，五国贫困差距很大。从总值来看，老挝的情况最为严重，2017 年的贫困指数高达 82.4，意味着全国超八成的国民平均每日的消费都没有超过 5.5 美元。与表 2－1 的 21.6 相比，5.5 美元标准下百分比上升明显，且该国近一半人口的日消费水平介于 1.9 美元至 5.5 美元之间，说明老挝的贫困问题形势严峻，如果受到一些因素影响，这 50% 的国民很可能会下滑到 1.9 美元“纯粹贫困”的水平以下。柬埔寨和缅甸的贫困指数相差不大，相比表 2－1 同样有很大的上升，超过半数的国民生活在贫困线以下，情况不容乐观。缅甸情况逐渐好于柬埔寨，但缅甸人口近几年持续增长，2021 年人口达到 5500 万，新增贫困人口也给缅甸的减贫工作带来不小压力。同时，老挝、柬埔寨、缅甸和泰国指数的变化不是很明显，总体呈缓慢的下降趋势，在多个年份有反弹现象。越南与其他国家有明显差距，贫困指数在六年的时间内明显下降，从41.5降到了28.5，而且年均速度较为平稳。

纵观湄公河流域五国的贫困指数及变化，缅甸、老挝和柬埔寨的贫困指数高，下降幅度小，贫困情况较为突出，而三国的人口增长速度较快，未来的减贫形势将更为严峻。越南和泰国的情况较为乐观，其中，泰国的贫困率最低，越南的减贫工作成效显著。但是，贫困指数并不能反映出极度贫困人民的真实状况，也不能体现出贫困线以下民众生活水平的上升情况，还需要其他数据的佐证才能更加具体地了解五国的贫困情况。

二　人均国民收入

人均国民收入是一个国家在一定时期（通常为1年）内按照人口平均计算的国民收入占有量。[①] 它基本上可以反映一国生产力发展水平和国民生活水平，人均国民收入越高，国民的总体生活水平就越高，贫困的发生率就越低，也是衡量一国经济实力和人民富裕程度的一个重要指标。人均国民收入与国民收入成正比，与人口数量变动成反比。

国内生产总值（GDP）是一个国家（或地区）所有常住单位在一定时期内生产活动的最终成果。它是国民经济核算的核心指标，也是衡量一个国家或地区经济状况和发展水平的重要指标。[②] 国内生产总值的变化直接影响人均国民收入的变化。进入21世纪后，湄公河流域五国凭借其丰富的自然资源和优越的地理位置，在世界市场中发挥了积极作用，并取得了明显的进步。湄公河流域五国近6年的国内生产总值情况

---

① 张希仁、万知祥、蓝云聪：《基于动态神经网络模型的我国边际消费倾向指数预测》，《商场现代化》2021年第8期。

② 丁利娟、任亚梅：《全面深化改革背景下经济建设路径探讨》，《商业时代》2014年第24期。

参见表 2－3。

表 2－3 **湄公河流域五国 2012—2017 年国内生产总值** （单位：亿美元）

国家	2012 年	2013 年	2014 年	2015 年	2016 年	2017 年
泰国	3975.5	4203.3	4073.4	4013.9	4117.5	4553.0
越南	1558.2	1712.2	1862.0	1932.4	2052.7	2237.8
缅甸	599.3	602.7	654.4	596.8	632.5	670.6
柬埔寨	140.5	152.3	167.0	180.5	200.1	221.5
老挝	101.9	119.4	132.6	143.9	158.0	168.5

数据来源：世界银行经济数据库，https：//data.worldbank.org.cn/indicator/NY.GDP.MKTP.CD？locations＝1W。

由表 2－3 可得知，2012 年至 2017 年五国经济上都取得一定进步，但抛开汇率因素，只有越南实际增长速度保持相对匀速。从五国 GDP 总量的排名上来看，泰国居于首位，GDP 总量大于其他四国总和。而越南保持较为高速稳定的增长，越南 2012—2017 年的 GDP 增速分别为：9.88%、8.75%、3.78%、6.23%、9.02% 和 6.81%。[①] 在 5 年间，越南逐渐缩小了与泰国的距离，远远拉大了与其他三国的距离，经济发展取得显著进步。缅甸的 GDP 总量难以和其领土与人口相匹配，目前位于五国中游，增速较为缓慢。柬埔寨和老挝位于五国末端，总量小，但增速较高。总之，湄公河流域五个国家在经济总量上分布不均，泰国、越南自身有着明显的优势，其他三国的经济发展仍十分落后。

近几年，湄公河流域五国人口的增速较快。2017 年五国的人口增长率为：老挝 1.55%、柬埔寨 1.53%、越南 1.02%、缅甸 0.63%、泰国 0.35%，除泰国外，其余四国的人口增长率都高于中国（0.56%）。人口增长速度若高于经济发展速度，将会拉低人均国民收入。2012—2017 年五国人均国民收入的具体情况参见表 2－4。

---

① 世界银行数据库，https：//data.worldbank.org.cn/indicator/NY.GDP.MKTP.CD？locations＝VN。

表2-4　**湄公河流域五国2012—2017年人均国民收入**　（单位：美元）

国家	2012年	2013年	2014年	2015年	2016年	2017年
泰国	4087.8	4093.7	4127.1	4369.7	4521.5	4680.6
越南	1211.7	1259.2	1317.3	1388.9	1518.0	1607.3
老挝	936.3	1017.7	1114.7	1186.8	1335.4	1350.6
缅甸	缺失	缺失	缺失	1015.6	1106.1	缺失
柬埔寨	759.7	818.2	820.9	862.9	916.9	972.5

数据来源：世界银行经济数据库，https：//data.worldbank.org.cn/indicator/NY.ADJ.NNTY.PC.K。

世界银行数据库的数据显示，五国的国民收入按照2010年平价美元[①]计算。可以看出，泰国的人均国民收入位于首位，且远远高于其他四国。越南位于第二位，与其他三国没有明显差距，其他三国的人均收入较低，在短期内难以追上越南和泰国。根据世界各国的总体收入情况，世界银行对国家收入进行了分类。湄公河流域五国的国家收入类型情况如表2-5所示。

表2-5　**湄公河流域五国国家收入类型**

国家	地区	国家收入类型
泰国	东亚与太平洋地区	中高等收入国家
老挝	东亚与太平洋地区	中低等收入国家
越南	东亚与太平洋地区	中低等收入国家
缅甸	东亚与太平洋地区	中低等收入国家
柬埔寨	东亚与太平洋地区	中低等收入国家

资料来源：世界银行，https：//data.worldbank.org.cn/。

根据表2-5，只有泰国属于中高等收入国家，其余四国均属于中低等收入国家。无论是贫困人数还是人均收入，泰国都有着其他四个国

① 此处数据以2010年美元的购买力为单位，避免了因汇率波动对数据造成的影响。

家难以比拟的优势，减贫压力是五国中最小的。近几年越南稳步发展，大幅度减少了国内的贫困人数，这值得其他三国学习借鉴。

人均国民收入虽然能反映出一个国家人民的总体收入情况，却不能体现出人民收入的差距，也无法反映出数据的极值情况。所以，不能孤立地看人均国民收入，应该结合五国的贫困差距，更为真实地了解五国的贫困情况。

三 贫困差距

目前，国际上一般用基尼系数作为衡量一个国家或地区居民收入差距的指标。基尼系数介于0—1之间，0.3—0.4之间表示收入差距相对合理，超过0.4视为收入差距较大，当基尼系数达到0.5时，表示收入差距十分悬殊。[①] 表2－6反映了湄公河五国2017年的基尼系数。

表2－6 **湄公河流域五国2017年基尼系数**

国家	最高20%人口收入/最低20%人口收入占比	基尼系数
柬埔寨	缺失	0.4302
泰国	7.72倍	0.4196
越南	6.24倍	0.3708
老挝	5.4倍	0.3463
缅甸	缺失	缺失

数据来源：世界银行经济数据库，https：//data.worldbank.org.cn/indicator/SI.POV.GINI。

可以看出，柬埔寨和泰国超过了0.4，进入了收入差距较大的行列，而越南和老挝收入差距相对合理。从收入最高20%人口与收入最低20%人口的占比来看，老挝仅有5.4倍，泰国最高，越南居中。说明泰国、越南的贫困水平没有老挝严重，但是收入分配不均方面比老挝更严重。结合表2－1的数据可以得知，老挝在五国中有着很明显的

① 黄世贤：《从收入分配角度看中国的贫困问题》，《中央社会主义学院学报》2005年第1期。

"均贫"现象，而泰国和柬埔寨虽然贫困人口数量绝对值较小，但贫富差距在五国中较为突出。

四　贫困问题及原因比较

（一）泰国

泰国近年来的发展有目共睹，其经济发展状况目前在东南亚属于领先地位，并且已被联合国列为中等收入国家。尽管如此，泰国的贫困现象依旧显著，离繁华的曼谷都市圈不远也许就是如"地狱"一般的贫民窟，经济结构单一、地区发展不平衡等问题仍然阻碍着泰国发展。目前，关于泰国贫困问题呈现以下几个特点。

一是收入分配不均，绝对贫困与相对贫困并存。根据表 2－6 的数据，高达 0.42 的基尼系数给泰国政府敲响了警钟，收入最高 20% 人口与收入最低 20% 人口的占比差距高达 7.72 倍，这代表着经济增长的效益并没有公平分到每一位国民手中，反而富人的财富增长得更快，广大穷人的收入增长往往赶不上通货膨胀，实际购买力逐年下降。2017 年，泰国人均国民生产总值已达 6594 美元，综合生产能力和整体经济发展水平处于中等水平，[①] 但地区经济发展水平的不平衡，导致在落后地区仍然存在一部分人因基本的衣、食、住、行等基本生活条件得不到满足而陷入贫困。在具体的经济发展方针中，泰国政府选择了"先增长后分配"的发展模式，在经济发展上更加重视实际经济的数值和速度，往往忽视了社会财富的分配，导致国内的收入分配差距日渐扩大，越有资源的人群往往能获得更多的财富，而一些中产阶级可能会随着经济发展形势的变化，实际购买力逐渐下降，沦为社会的底层。[②] 因此，在经济高速发展的泰国，绝对贫困的问题不仅没有得到有效消除，往往还会有越来越多的人沦入"相对贫困"的状态中。

---

① 世界银行数据库，https：//data. worldbank. org. cn/。

② 王勤：《当代东南亚经济的发展进程与格局变化》，《厦门大学学报》（哲学社会科学版）2013 年第 1 期。

二是乡村贫困与城市贫困并存。纵观广大发展中国家，中心城市往往是这个国家最为发达的地方，在泰国也是如此。具有“天使之城”之称的泰国首都曼谷，人口已经超过1000万，达到超大城市的规模，在东南亚众多都市圈中，仅次于印度尼西亚首都雅加达。泰国农村的贫困发生率远远高于城市贫困发生率，城乡收入差距十分明显。其原因在于泰国经济发展过程中采取了进口替代和出口导向的工业化战略，以此来达到最大化的资本积累。这种发展模式对于城市的资本积累具有十分显著的作用，但这是以牺牲农村的发展为代价的。广大农村享受不到工业化带来的好处，农业投资在政府投资总额中的比例很小，甚至有下降的趋势。在泰国，由于受到城市较为优越的收入和生活条件的吸引，越来越多的农村人口涌向城市，加速了泰国的城市化。然而，农村人口普遍受教育程度较低，缺乏相关的劳动技能，往往难以抓住城市提供的有限工作机会，纷纷沦为城市贫民，加重泰国城市贫困问题。[①] 目前，泰国城市贫困问题相比于农村问题要轻得多，但随着城市化的推进，城市贫困问题增长势头在显著加快。

三是区域性贫困和阶层性贫困并存。区域性贫困是针对一个地区贫困人口相对集中现象，具体表现为贫困人口主要分布在集中连片的地区。[②] 在泰国，贫困问题最明显的地区就是东北部。泰国东北部地区地形复杂、基础设施落后、农业生产方式落后，缺乏现代化的产业来支持其经济发展，而且该地区的贫困现象根深蒂固、代代相传，实现顺利脱贫的任务任重道远。阶层性贫困是针对不同阶层而言的分散性贫困现象。阶层分化及由此带来的阶层贫困问题已经到了较为严重的程度。贫困家庭具有明显的结构特征：大家庭比小家庭更可能贫困；单亲女性家庭的贫困发生率要高于男性家庭；家庭户主年龄越大贫困

---

① 李家成、李曾桃子：《澜湄合作机制框架下的湄公河次区域减贫问题研究》，《中国—东盟研究》2019年第3期。

② 田园、蒋轩、王铮：《中国集中连片特困区贫困成因的地理学分析》，《中国农业大学学报》（社会科学版）2018年第5期。

发生率就越大。①

（二）越南

1975 年越南战争结束时，越南甚至成为世界上最贫困的国家之一，当年的人均国民收入只有 100 美元，农业产值急剧萎缩，饥饿现象遍布全越。② 其后，越共八大政治报告指出，“越南仍然是世界上最贫穷的国家之一，经济发展水平低，劳动效率低、生产经营效益差，物质基础落后，债务严重”。③ 2006 年召开的越共十大对越南发展阶段作了准确定位，称越南仍然处于“欠发达状态，同本地区及许多世界其他国家相比经济还比较落后”。④ 如今越南凭借国内丰富的劳动力资源，发展劳动力密集型制造业，吸引大量外资企业来越南投资建厂，不断创造就业岗位，⑤ 在减少国内贫困方面也取得了明显的成效。但是，底子薄、起步晚是越南经济发展不可避免的先天因素。同时，生产技术水平落后、产业单一导致国内经济脆弱，贫困仍然是越南人民摘不掉的帽子。目前越南的贫困有以下几个特点。

一是贫困人口主要集中在农村地区，生活质量与城市有较大的差距。越南是典型的城乡二元制结构，贫困人口绝大多数分布在农村地区，大多是从事最基本农业生产的群体。越南国家统计网站显示，2014 年越南贫困率中 89. 2% 是由农村贡献的，城市贡献率只有 10. 8% 。⑥ 越南贫困农民的特点是，缺乏生存技能，收入极易受自然环境的影响，其中最为贫困的是偏远山区的独身女性。妇女的劳动时间更长，在家庭

---

① 雷望红、张丹丹：《区域性贫困治理的道路选择——国家、农民与市场关系的视角》，《山西农业大学学报》（社会科学版）2018 年第 5 期。

② 梁英明、梁志明、周南京、赵敬：《近现代东南亚（1511—1992）》，北京大学出版社 1994 年版，第 449 页。

③ 《越南共产党第八次全国代表大会文件》，真理出版社 1991 年版，第 63— 64 页。

④ 《越南共产党第十次全国代表大会文件》，国家政治出版社 2006 年版，第 69 页；梁英明、梁志明：《近现代东南亚》，北京大学出版社 1999 年版，第 449 页。

⑤ 世界银行，https：//data. worldbank. org. cn/indicator/NY. GDP. MKTP. KD. ZG? locations = VN。

⑥ Nguen xuan Mai，“Urban Poverty in Vietnam and Subjects of the Povwrty Reduction Process”，www. idegojp/English/Publish/Books/Asedp/pdf/073_ cap6. pdf.

和社会中的地位更低，男性的情况稍微好些。而城市的贫困主要分布在城乡接合部，大部分是城市里的农民工和失业人员，他们的居住环境很差，极易滋生出犯罪等社会问题。

二是贫困主要发生在北部和中部，大多集中于山区。越南北部为红河平原和山区，中部地区狭长，南部为富饶的湄公河平原。根据2000年的调查来看，全越南超过60%的贫困人口生活在中北部地区、越北山区和中部沿海地区。[①] 这些地区属于热带季风气候，山地性质强，夏季高温多雨，自然灾害频发，加之交通不便，基础设施落后，使得经济发展水平低下。经过多年发展，经济结构并未取得实质性改变，在经济地位上依附于平原地区。随着越南河内和胡志明市两大都市圈的发展，越来越多北部和中部的人前往两大城市求生，导致中部和北部的劳动力大量流失，使得原本就贫穷的两个地区进一步丧失了经济发展的活力。[②]

三是贫困分布有着明显的民族性。越南是一个多民族国家，主体民族是京族，其余的少数民族大多生活在农村地区，而且多生活在交通不便的山区。在越南，人口越少的民族生活越困难。2018 年 12 月 19 日，联合国开发计划署、越南劳动荣军与社会部、越南民族委员会和越南社会科学翰林院在河内对外公布《消除一切形式的贫穷，确保人人生活质量》的越南多维贫困报告中指出，按照越南多维贫困标准，多维贫困人口比例大大减少，从 2012 年的 15.9% 下降至 2016 年的 9.1%，约 600 万人已摆脱贫困。尽管如此，越南贫穷和饥饿仍在少数民族地区发生。北部山区和平原地区的多维贫困人口比例比全国平均水平增长一倍。2016 年，京族人群中多维贫困人口比例为 6.4%，而赫蒙族、瑶族和高棉族的多维贫困人口比例为 76.2%、37.5% 和 23.7%。[③] 越南民

---

① 阮猛雄：《到 2010 年越南社会经济及投资发展计划项目》，统计出版社 2004 年版，第 125 页。

② 维英：《嘉莱省在少数民族中大力推进灭饥减贫工作》，《共产主义》2007 年第 6 期，http://www.tapchicongsan.org.vn/details.asp?Object=14331554&news_ID=22335651。

③ 《越南多维贫困报告：各地区和民族人群之间的贫困率差距较大》，越通社，2018-12，https://vnanet.vn/zh/tin-anh/。

族委员会同统计总局联合公布的2019年越南53个少数民族情况调研报告中，少数民族地区的贫困户和相对贫困户比例达35.5%，比全国平均水平高出2.5倍。边境地区少数民族贫困户和相对贫困户比例为48.4%，农村地区少数民族贫困户和相对贫困户比例为39.4%。[①]

（三）缅甸

在东南亚国家中，缅甸的自然条件较好。1948年独立前，缅甸是东南亚的经济强国，出口石油和大米，拥有发达的交通网，总产值是泰国的两倍。但是，经济命脉依旧掌握在英国人手里。独立后的缅甸并没有获得经济上的腾飞，而是在曲折中缓慢前进，如今在东南亚被曾经同一水平的泰国超过而滑落到中游。加之人口增长率的影响，日益庞大的人口规模，拉低了缅甸的人均国民生产总值，缅甸甚至沦为“世界上最不发达的国家”之一。[②] 目前缅甸的贫困状况具有以下几个特点。

一是战乱致贫现象十分明显。缅甸自独立后，就一直是军队和政客两方博弈，而军方在缅甸政局中居主导地位。缅甸民族武装众多，并且各自独立，这样复杂的国内形势让缅甸民众饱受战乱的影响。无数人在战乱中失去生命，流离失所，混乱的政局对缅甸的经济无疑是致命的打击。而产生的大量战乱难民前往国内其他地方，对当地紧张的资源进行挤占，引起新一轮的动荡和贫穷，如此进入恶性循环。

二是产业结构单一，自然灾害致贫现象普遍。缅甸经济支柱是农业，而农业生产缺乏先进的生产工具和管理方式，基本属于“靠天吃饭”。全国大多数人口居住在农村，靠着农业生产为生，这样单一的经济结构在独立以来就没有明显突破。缅甸位居印度洋与亚洲的交界地带，海陆性质强，每年都会受到季风影响，这让不具备现代化设备保护的缅甸农业生产变得极其脆弱。2010年10月的超级台风“吉里”就给缅甸沿海的水稻生产带来了毁灭性的打击。所以，一旦失去赖以为生的

① 《越南53个少数民族经济社会发展情况调研结果揭晓》，越通社，2019－07，https：//vnanet.vn/zh/tin－anh/。

② 《缅甸投资指南》，《商业观察》2019年第3期。

农业，广大农民就极易变得更加贫困，进而引发一系列社会问题。[①]

三是贫困家庭有着明显的结构特征。在缅甸，家庭子女数量的多少往往是贫困的一个重要参考值。大家庭比小家庭更加贫困。其作用因素主要是贫困家庭儿童死亡率高、子女从事劳动的起始年龄低、父母老时需要子女养老、得到计划生育服务的机会少。家庭成员有 5 人或以上的家庭中的穷人占了缅甸穷人总数 55% 以上。[②] 在年龄构成上，家庭户主年龄越大贫困发生率就越大。户主的年龄大于 60 岁比那些户主较为年轻的家庭更加可能贫困，户主年龄为 20 多岁的家庭最不可能贫穷。[③]

（四）老挝

作为东南亚唯一的内陆国家，老挝的经济发展相比其他国家更为困难。老挝的经济支柱是农业，农业产值占全国 GDP 的比重高达 27.4%，[④] 位居湄公河流域国家之首，是五国中最依赖农业的国家。针对老挝的工业基础薄弱，政府推行经济改革，力争调整经济结构，将农林业、工业和服务业相结合，优先发展农林业，努力实现将自然和半自然经济转化为商品经济，并实行对外开放。[⑤] 近年，老挝的经济发展有了明显进步，国民生活水平有了质的提升，但根深蒂固的贫困问题依旧阻碍着老挝经济社会的进一步发展。相比于其他国家，老挝的贫困问题有其自身特点。从地域分布角度看，老挝偏远地区贫困现象较为严重。从民族分布看，老挝的少数民族是主要贫困人群，而且人口越少的民族贫困程度越高。从贫困主体结构看，又是以农村贫困人口为主，郊区的流动人口群体是城市贫困人口主体。具体来讲，目前老挝的贫困问题有着以下几个特征。

一是贫困人口中农村所占比重大，生活水平差。老挝有着很明显的

---

① 王静：《浅析缅甸自然资源开发中存在的问题及对策》，《纳税》2018 年第 23 期。

② 缅甸，国家经济和社会发展委员会，发展评估部，http：//www.mnped.gov.mm/。

③ 缅甸，国家经济和社会发展委员会，发展评估部，http：//www.mnped.gov.mm/。

④ 孙宏伟：《简论“一带一路”与老挝社会经济的发展》，《环渤海经济瞭望》2018 年第 11 期。

⑤ 展阳：《老挝向市场经济转型的现状与策略问题分析》，《绿色科技》2018 年第 12 期。

城乡二元结构特征，农村地区是其贫困人口主要居住地。2019 年老挝城镇人口数量为 255.56 万人，农村人口数量为 461.39 万人，城镇化率为 35.65%。[①] 农村地区的贫困占比远远高于城市地区。老挝农村地区地理环境较为恶劣，农民们很难获得充足的农业生产资金和相关先进技术。同时，国内交通设施落后，农民难以及时将生产出来的农产品运送到更为集中的城市市场中去。尤其在偏远山区，出现了不少独身、高龄女户主。因劳动时间低于男性劳动时间，且妇女在家庭和社会中被歧视，处于劣势地位，其劳动收入比男性低出一大截，往往难逃贫困的束缚。

二是区域性贫困和阶层性贫困并存。老挝的贫困人口主要分布在东北部地区，贫困率比起较为发达的中部地区高了 13 个百分点。随着老挝经济社会的持续发展，以及其间老挝政府推行的减贫工作顺利展开，东北部的贫困率有所下降。除了以首都万象为首的中部地区以外，其他地区的贫困情况不可忽视，而且老挝国内有着十分明显的阶级贫困现象。所谓的阶级性贫困主要是就不同阶层而言的分散性贫困现象，贫困的阶层因为难以获取生活所需的技能和资源，往往无法改变家庭贫困现状，而社会上对于民众改变自己阶层的渠道并不多，所以这种贫困很容易代代相传。

三是明显的“均贫”现象。根据表 2－6 的数据，社会收入前 20%的人群的收入只是后 20%的 5.4 倍，而老挝的基尼系数也只有 0.3463，属于收入分配合理范围内。这两项数据在东南亚国家中属于较为良好的情况，证明老挝的收入分配相较于其他四国较为合理。但是结合老挝 1640 美元的人均国民生产总值就会发现，这种所谓的平均是总值很低的平均，说明老挝国内有着十分突出的“均贫”现象。广大农村人口大多都属于贫困人口或者距离贫困水平不远，[②] 这样的人口收入结构十

---

① 世界银行数据库，https：//data.worldbank.org.cn/。

② 春花：《老挝经济发展与贫困的关系》，《东方企业文化》2011 年第 8 期。

分不稳定，加上老挝国内主要产业是农业，大部分人靠天吃饭，一旦遭受大型的自然灾害，将会加剧国内的贫困问题。

（五）柬埔寨

柬埔寨是20世纪湄公河流域的经济强国，但是诸多历史因素导致柬埔寨沦为世界上最不发达的国家之一，尤其是多年战乱使得国内基础设施被严重破坏。美国为了阻止红色高棉的扩张，对边境大规模轰炸，摧毁了大量农田和水利设施，并在柬埔寨境内埋下了600多万颗地雷，致使大面积农地无法耕种，加之连年的水旱灾害导致水土耗损，农业的基本建设恢复缓慢，影响了柬埔寨农业的发展。如今，柬埔寨经济结构也十分畸形，其工业基础薄弱，农业是经济基础，近年来的经济增长主要依赖纺织业和旅游业的拉动。这些产业在城市创造了很多工作机会，但是对农村地区影响不大，不稳定的农业生产也会加速贫困在农民之间的传递。关于柬埔寨的贫困特征，主要有以下几点。

一是农村地区是贫困的集中地区。柬埔寨农业部门庞大，农业生产力低下并且发展缓慢，恶性循环使贫困和低劳动生产率自然发生，而可靠的土地所有权和有效的土地管理体制是农业发展至关重要的因素。目前在柬埔寨不完善的市场体系中，财富的不平等意味着经济机会的不平等，导致浪费了生产潜力以及无效率的资源分配；政治的不平等造成经济的不平等，并损害了制度的发展。在不平等的社会中，政治、经济和社会方面的制度维护的是权势集团的利益，穷人和富人之间的冲突缺乏法制和正义的保障。这些制度扭曲了发展的动力，因而也就不利于经济的长期发展，影响到贫困率的减少。①

二是充满幸福感和饥饿感的贫困。一方面，柬埔寨是一个多灾多难的国家，红色高棉时期，疯狂的统治政权屠杀了上百万的民众，国家多年以来培养的社会中坚力量几乎被全部消灭，社会发展变得十分缓慢。另一方面，柬埔寨的国教是佛教小乘教法，几乎全民信奉。小乘教法属

---

① 陈浩：《柬埔寨独立初期经济现代化研究》，《合作经济与科技》2019年第8期。

于佛教一支，以自我完善与解脱为宗旨，以大智慧求得无上正觉，解除一切烦恼，恪守本分，尊崇自然本心。因而信奉佛教使心有归属、知足常乐也是其幸福感原因之一。[①] 柬埔寨同样存在贫富差距，极端富裕的人毕竟是少数，中产阶级也是少数，大多数都是收入相差无几的平民，这样的背景下，柬埔寨人民的幸福感便在贫困中成长，形成这种独特的现象。

（六）原因比较

1. 湄公河流域五国贫困的共同致因

第一，五个国家都有着明显的城乡二元经济结构，贫困更多地集中在农村地区，从事与农业相关的人群贫困率高。农业是五国的主要产业，但农业技术投资不足和农作物生产率低是造成贫困率居高不下的主要原因。[②] 同时，这五个国家的农产品加工技术较为落后，食品加工业发展较慢，导致农产品附加值低，产业链条短，惠及贫困人口有限。

第二，自然资源和灾害是影响五国贫困状况的重要因素。由于贫困人口多聚集在农村地区，飓风、泥石流、洪涝和旱灾等自然灾害频发。农业发展易受到水土流失和环境污染等影响，农业生态环境脆弱，导致农作物疾病频发，影响农民收入，减少对农业基础设施的投入。这样的恶性循环是农村地区民众致贫、返贫和削弱减贫成效的重要因素，这种情况在湄公河流域五个国家中非常普遍。[③]

第三，教育和科技水平欠发达是五国贫困的主要因素。五个国家的科技和教育发展起步晚、底子薄，投入整体偏低。目前，民众的受教育程度普遍较低，难以在经济发展中及时获得相关的技能和经验，往往使得本国的重要工业命脉掌握在外国人手中，而农业独大的经济结构也使得减贫工作难度加大。

---

① 未西寅：《柬埔寨金边文化印象》，《中国文化报》2019 年第 4 期。

② David A. Raitzer, Mywish K. Maredia, “Analysis of Agricultural Research Investment Priorities for Sustainable Poverty Reduction in Southeast Asia”, *Food Policy*, Vol. 37, No. 4, 2012.

③ Le – Le Zou, Yi – Ming Wei, “Driving Factors for Social Vulnerability to Coastal Hazards in Southeast Asia: Results from the Meta – analysis”, *Natural Hazards*, Vol. 54, No. 3, 2010.

2. 湄公河流域五国不同的贫困致因

（1）泰国

泰国的经济结构在五个国家中最为理想，发达的旅游业和农业是泰国的支柱产业。然而，在其产业结构调整过程中，导致了大批次国民失业。因为第一产业占国民生产总值的比重下降，而从事农业生产的劳动力却没有很快地转移到其他产业。如今的泰国依旧有一半的人口从事农业生产，造成泰国农村存在大量的剩余劳动力，这种失业现象一直伴随着泰国经济不断增长，而失业又导致贫困问题的产生，但这是发展中国家工业化过程中完成经济转型和结构调整无法绕开的问题。

其次，泰国的社会保障体系滞后也是致贫的一大因素。社会保障制度是一国用于应对社会危机，降低社会风险，实现经济安全、社会安全的重要保证。[①] 一国社会保障制度越健全，化解各种社会风险能力就越强，对贫困、失业等的承受力也就越强。经历了 1997 年亚洲金融危机后，泰国政府也开始注重社会保障体系的建设，但其社会保障体系有着明显的缺陷。[②] 社会保障体制并没有全社会覆盖，只有正式部门的职工才能享受相关的养老金，而非正式的职员缺乏工资收入记录，无法进入国家的社会保障体系。同时，国家的社会保障种类少，甚至没有失业保险，对社会保障的投入也很少，难以支撑起完善的社会保障体系建设。[③] 没有了来自国家的保护，很多人因为失业导致贫困，而贫困的人又难以获得援助来脱贫。

进入 21 世纪，泰国的城市化进程加快，越来越多的人口涌入城市，优化了泰国的经济结构，成为泰国社会进步的催化剂。城市化是具有多重含义的一种社会进程，城市成为人类生活和活动量最重要的空间和栖息地。[④] 从世界各国城市化发展的历史经验来看，城市化水平的提高往

① 韩宝徽：《关于城乡社会保障一体化的文献综述》，《智库时代》2019 年第 32 期。

② 孙春莲：《泰国社会保障制度研究》，硕士学位论文，云南大学，2013 年。

③ 孙春莲：《泰国社会保障制度研究》，硕士学位论文，云南大学，2013 年。

④ 王东京、马朝钧：《论城市化与逆城市化》，《中国经济时报》2019 年第 5 期。

往伴随工业化的提升，国家的经济社会发展也会进入一个新阶段，这样的变化相互影响、相互促进。如果城市发展水平落后或者超前于工业化速度，城市化水平与工业化水平及经济社会发展水平同步运行，这说明城市化完全反映经济发展和社会经济的成果与要求，二者处于良性互动、正常状态。反之，城市发展水平落后或超前于工业化速度都会引发一系列经济社会问题。[①] 而泰国目前就属于过度城市化，在这种城市化过程中，国内大量的农村人口快速涌入中心城市，数年内就超过城市可承受的能力范围，城市无法提供相应的就业岗位给新来的人口，随之而来的是住房紧张、交通拥堵、环境污染、教育卫生负担严重等一系列社会问题。特别是农村的贫困人口转移到城市，在城市的的边缘形成大面积大规模的贫民窟，引发更为恶劣的社会问题。[②]

泰国首都曼谷的城市首位度之高，不仅在东南亚，在发展中国家乃至世界上都是绝无仅有的。曼谷人口已达到 1000 多万，并且大部分集中在市中心 150 平方千米的范围内。由于来自周边农村劳动力的大量涌入，供给远远低于需求，造成曼谷市郊贫民窟密布，失业率一年比一年高。更为可怕的是，城乡收入现实和预期的差距，使得就业已经出现困难的曼谷都市圈仍然对周边的农村人口有强大的吸引力。人们源源不断地涌向城市，即使没有工作，也不愿意返回农村。从城市穷人本身来说，缺乏足够的社会文化资本，进一步加剧了他们的贫困程度。[③]

（2）越南

长期忽视农业发展是造成越南贫困的一个重要因素。越南正处于国家经济结构的调整时期，国家经济对外开放促进了越南经济的发展，对于广大的农民来说，往往是弊大于利。越南的“三农”问题非常典型，

① 斯日吉模楞：《城市化过程中城市土地扩张与经济增长关系研究》，《财经理论研究》2019 年第 4 期。

② 漆畅青、何帆：《亚洲国家城市化的发展及其面临的挑战》，《世界经济与政治》2004 年第 11 期。

③ 饶本忠：《东南亚城市一极化现象初探》，《东南亚纵横》2004 年第 1 期。

越南的贫困人口大多分布于农村地区，特别是位于山区的农村，往往得不到政府的有效扶持，难以获取到足够的资金和技术，政府的投资往往集中在水利设施上，其他基础设施跟不上农产品的运输和保存。目前越南的工业发展方针是用发展代替进口，这对广大中小企业的发展刺激力度变小，而位于农村地区的乡镇企业大多属于劳动密集型，农村地区更加难以形成较为成熟的市场和产业，对越南农村的经济结构改革带来巨大的阻力。

越南城市地区国有企业的改革也是致贫因素之一。随着越南“改革开放”的不断深入，大量劳动密集型国有企业因技术水平低、设备落后、市场竞争力弱而倒闭，这样快速的国企改革造成的失业现象直接推动了城市地区贫困率的上升。大部分企业工人失业后陷入贫困，其中多为妇女和文化水平低及年龄偏大的职工。越南的经济增长更多的是给有钱人带来更多的利润，社会的底层群众从社会经济增长中获得的福利要少得多，穷人变得更加边缘化。

社会保障体系的不完善也加剧了贫困的传递。随着越南经济结构的改善，以及城市的发展，越来越多的农村人口涌入城市。为了控制人口无约束的流动，越南政府推行了户籍制度。但是越南城市的社会保障体系是将进城打工的农民工排除在外的，他们不能与城市户口的人享受同样的教育机会和卫生服务，这加剧了国民的收入分配差距，间接地导致了贫困的扩散。[①] 除了区别对待城乡居民外，越南的社保体系还有着力度小、覆盖率低、程序复杂等特点。越南的医疗水平较为落后，卫生设施不完善，并且越南气候湿热，容易暴发传染疫病。诸多因素使居民患病后无法承担，最终“因病致贫”。

（3）缅甸

政局常年混乱是缅甸贫困的重要因素。所谓“冰冻三尺，非一日之寒”，长达百年的殖民统治，并未让缅甸人民富强起来，而主要的国家

① 蒋玉山：《越南贫困与反贫困研究》，硕士学位论文，广西民族大学，2008 年。

经济命脉掌握在少数人手中。殖民期间，缅甸结构单一，以农业为主，绝大多数的国民只能从事农业生产。[①] 独立后，军阀势力影响着缅甸社会的方方面面，直至今天都未消除。缅甸国内复杂的民族分布和宗教矛盾，内部冲突接连不断，即使是再富足的家庭，面对政治动乱也是不堪一击。政局更迭频繁，难以形成一个长期有效的惠民政策，外债增加、通货膨胀等现象也在缅甸独立后一直存在。

落后的生产方式和生活观念是缅甸众多少数民族贫困的主要原因。缅甸民族众多，各个民族的贫困情况不一。多年来，缅甸特困地区的少数民族普遍靠打猎采摘为生，若原始森林的猎物果实减少，他们的生活将难以为继。有些地方，少数民族同胞已经懂得耕作但是生产水平低下，很多生活在原始丛林的民族每年平均毁掉 2—3 公顷树林，严重破坏了自然环境。在长达几十年的生产中，基本未引进新科技和作物新品种，甚至连化肥、杀虫剂都不会使用。此外，在缅甸的特困少数民族中还存在近亲结婚现象，导致这些民族的后代智力低下，传统男尊女卑思想根深蒂固，使得少数民族中女性受教育机会普遍缺乏，在社会和家庭中地位低下，成为男性的附属品，即使有了工作也不能实现同工同酬，她们摆脱贫困的机会极少，这种贫困现象也容易代代相传。

（4）老挝

基础设施落后让老挝的贫困难以消除。老挝自独立后，政局相较于缅甸和柬埔寨较为平稳，但老挝是内陆国，全国上下既没有港口也没有铁路。公路普及率在五国中最低，这让老挝山区的农民难以及时运输农产品，国内也难以形成一个惠及农村的农业市场。而城市的工业产品在流通上也较为困难，边缘农村地区甚至难以获取基本的生活用品。落后的基础设施不只是老挝人员物品流通的障碍，对于国民的教育思想也是

---

① 赵敏：《浅析英国在印度与缅甸殖民政策的异同》，《荆楚学术》2017 年第 3 期（总第 10 期）。

巨大的阻力。

落后的农业生产方式是造成老挝贫困的重要原因。老挝很多地区甚至还是刀耕火种，这样的农业生产方式让农民的收入变得十分脆弱。由于缺乏农业机械的使用和先进的管理经验，对老挝人民来说，贫困变成了十分普遍的现象。根据表 2－2 的数据，82.4% 的人口处于贫困状态的事实让老挝的减贫工作变得更为艰巨。人们之间的互相比较往往是一种促人向上的动力，而普遍的贫困让老挝贫困人民变得麻木。特别是在消息传递较为闭塞的山区农村地区，长期的与世隔绝和相似的邻居让渴望脱贫的信念逐渐消失。另外，老挝国内地形复杂，每年都会受到季风影响，旱灾和水灾、泥石流、滑坡等气象灾害频发。一旦遇到严重的自然灾害，对本身脆弱的农业生产又是毁灭性的打击。目前的老挝在社会保障方面尚处于起步阶段，难以保障民众灾后的生产和生活，普通民众面对自然灾难的打击基本束手无策，沦为贫困人群的概率变大。贫困人群的迁移往往又会引发新的居住地贫困，因而频发的自然灾害往往会形成大规模的贫困扩散。

教育落后也是老挝致贫的原因之一。老挝的贫困发生率随着文化水平的升高而降低，越穷的人往往文化水平越低。[①] 穷人的文化水平低，导致就业受限制，也影响到了下一代的教育问题。如今的老挝，文盲率依旧很高，穷人也就不懂得相关法律，难以用法律来维护自己的合法社会权益。穷人家庭往往子女众多，老挝少数民族很多家庭一户就有 5—7 个子女，子女众多既是老挝贫困的原因也是贫困的结果。子女众多的家庭，每个子女难以享受到教育机会和医疗服务，体弱多病和营养不良是多子女贫困家庭的重要特征。糟糕的健康问题直接影响到穷人的收入和支出，这样形成一个恶性循环，让贫困问题变得难以解决。[②]

---

① 王耀华、宁龙堂：《中国助力老挝减贫研究》，《中国集体经济》2018 年第 3 期。

② 苏力丰（Soulifoun Bounmyxay）：《老挝国家的贫困问题与反贫困对策研究》，硕士学位论文，广西大学，2015 年。

（5）柬埔寨

“战争致贫”在柬埔寨最为突出。柬埔寨是深受战争摧残的一个国家，对于国内生产总值中占主要地位的农业来说，多年战乱造成基础设施和自然资源的破坏。战争中留存的地雷对农民的生命安全是极大的威胁，失去主要劳动力的家庭十分容易走向崩溃的边缘。而柬政府排雷能力有限，难以在短时间内完成排雷工作，这无疑也是国民贫困的原因之一。“一农独大”的经济格局难以解决国内就业问题，反而成为贫困的“温床”。柬埔寨工业基础比较薄弱，农业是其经济基础。而连年的水旱灾害导致水土耗损，农业基本建设恢复很慢，影响了农业的发展，这让柬埔寨的农产品国际竞争力大大降低，国内农民的收入便随之下降。[①]

人力资本的脆弱性也是柬埔寨致贫的重要原因。1990 年，《世界银行报告》扩充了基于收入的传统贫困定义，加入了如健康、教育和营养等能力因素，认为低教育水平、健康和营养不良等因素形成的低能力与贫困存在着一种交互和因果的关系。[②] 如果一些社会阶层的人力资本脆弱，会直接造成其就业困难、收入减少、健康欠缺、心理消沉、交往封闭，他们会向下趋于社会的底层性和边缘化，这就是人力资本脆弱性会带给人们一系列贫困可能性的表现。[③] 这样的情况在经历过战乱的柬埔寨尤为明显，在疯狂的大屠杀中，百万人丧命的冲击让现存的国民有一种恐惧感，这种心理上的感受随着时间累积往往会造成一些行为的偏激，加上柬埔寨民众普遍较低的受教育水平，一旦国家发生经济结构的调整或者社会职业的变动，这样一群“脆弱”的人首先就会面临失业和贫困的威胁。[④]

---

① 罗杨：《柬埔寨“红色高棉”战后华商经济复兴的人类学分析》，《华侨华人历史研究》2018 年第 4 期。

② 汪为：《农村家庭多维贫困动态性研究》，博士学位论文，中南财经政法大学，2018 年。

③ 梁凡、朱玉春：《农户贫困脆弱性与人力资本特征》，《华南农业大学学报》（社会科学版）2018 年第 2 期。

④ 魏凌：《农户生计脆弱性及影响因素研究》，硕士学位论文，河南财经政法大学，2017 年。

第二节　柬、老、缅、泰、越等国对开展国际减贫合作的需求分析

贫困是人类历史上一个普遍存在的社会现象，其产生原因十分复杂，不仅仅涉及经济问题、社会问题，更与政治问题息息相关。因此，消除贫困就必须从各种根源出发，对症下药。与此同时，减贫是各国在现代化道路上面临的一大难题，面对国内根深蒂固的贫困现象，往往依靠一国之力减贫，尤其是在贫穷落后的东南亚地区。①

一　资金层面

长期以来，东南亚各国都清楚地认识到贫困对于国家发展的阻力，都将减贫作为政府工作的重中之重，但不同国家不同时期采取的措施有显著差异。湄公河流域五国在近年来都提出了相关的减贫战略，具体如表2－7所示。

表2－7　**湄公河流域五国近些年提出的减贫战略详细情况**

国家	减贫战略名称	重点领域	贫困率目标	目标年份
泰国	The Twelfth National Economic and Social Development Plan (2017－2021)	开源；节流；提供就业机会	收入最低的40%人口的收入水平应至少提高15%	2017—2021
越南	Comprehensive Poverty Reduction and Growth Strategy (CPRGS); Socio Economic Development Strategy (SEDS) and Plan (SEDP); Socio－Economic Development in Ethnic Minority Areas 2020－2025 (SEDEMA)	消除饥饿；扶持小农；基础设施和住宅；健康护理；社会保险；全民教育；等等	加快少数民族地区多层面减贫和社会经济发展	2020—2025

① 陈松涛：《论柬埔寨贫困问题》，《社科纵横》（新理论版）2008年第3期。

续表

国家	减贫战略名称	重点领域	贫困率目标	目标年份
缅甸	Current Innovative Rural Development and Poverty Reduction Practice (CIRDAP); National Community Driven Development Project	可持续农村发展；有效政府干预；国际合作	到2015年将贫困率降低16%；使贫困农村社区受益于改善基本服务的获取和使用	2015—2019
老挝	National Growth and Poverty Eradication Strategy (NGPES)	提高经济发展速度	消除贫困，特别是在农村地区	2020
柬埔寨	Rectangular Strategy Phase Ⅲ	农业；基础设施；私营和就业；人力资源	每年降低1%以上	2014—2018

注：泰国第十二个国民经济和社会发展计划，2017—2021（The Twelfth National Economic and Social Development Plan）；联合国开发计划署 越南办公室（UNDP Viet Nam），https：//www. vn. undp. org/content/vietnam/en/home/sustainable - development. html；CIRDAP“第33次技术合作会议”，https：//cirdap. org/wp - content/uploads/2018/05/Myanmar_ TC34_ Presentation. pdf；联合国开发计划署 老挝办公室（UNDP Laos），https：//www. la. undp. org/content/lao_ pdr/en/home/library/poverty/NGPES. html；“Foreign Aid Explorer：The Official Record of U. S. Foreign Aid”，2017 - 06 - 03，https：//explorer. usaid. gov/index. html。

综合表2 - 7可知，在五国中，泰国国民经济和社会发展计划中提出的减贫战略重点是增加就业岗位，提高最低收入水平人群的收入增长率；而越南的减贫战略较为全面涉及了很多方面；缅甸和柬埔寨都涉及了农业和一些具体的经济部门；老挝旨在提升经济发展速度，以此方式来消灭贫困。除了加速经济增长速度、加快农业现代化进程外，一些国家还采用了其他方法进行减贫。如泰国政府积极控制人口增长，提高人口素质。[①] 越南政府主张分散发展，建立和发展地区经济中心，力争缓解地区发展不平衡的现象。具体措施表现为：一是分散工业以减少地区

① 李志东：《泰国的人口现代化与人力资源开发》，《东南亚纵横》1998年第3期。

间差别；二是开发边远地区的资源，通过开发资源解决贫困和发展问题。缅甸政府则开展了针对少数民族不发达地区的发展项目，以及针对农民的贷款项目。① 综合来看，农业是五国的重要产业，都将解决农业贫困作为主要问题，着重从提升基础设施、公共服务、农田生产力等方面着手。个别转型国家，如泰国，则从微小企业发展、农业创业和投融资方面给予支持。从五个国家的角度来看，参与国际合作减贫是解决国内贫困问题的重要手段。泰国的情况最好，可是面对东北部地区连片的贫困地区，不仅仅是加强基础设施建设那么简单。东北部地区缺乏具体的产业来支撑其经济发展，即使是经过了多年的努力，依旧没能脱去贫困的帽子，资金短缺无疑是重要原因。越南的发展最快，但是低质量的经济增长难以满足国民日益增长的需求，而且在经济高速发展的同时还会加剧贫困现象的增长。柬埔寨和缅甸由于战乱，历史上的欠账很多，仅靠自己的发展，根本无法从根本上解决国内贫困问题。老挝的"均贫"现象更是形势严峻，没有外部的刺激，贫困还会继续蔓延。这样的基本情况表明了五国在减贫工作上如果仅仅只靠本国的力量是根本行不通的，特别是缅甸、老挝和柬埔寨三国，没有充足的资金支持，这些国家无法独立地完成减贫工作。

二 项目层面

（一）基础设施项目

目前湄公河流域五国的基础设施情况差别很大，总体来说，泰国的情况最好，越南次之，缅甸、老挝和柬埔寨较为落后。

航空方面，根据 2021 年 Skytrax 世界机场奖的排名情况来看，世界上排名前 100 名的机场，五国中只有泰国素万那普国际机场（66 位，相比于 2020 年下降 18 位）入选。② 泰国的素万那普国际机场是东南亚

---

① 韦红：《战后东南亚经济开发引发民族冲突诸因素分析》，《世界历史》2001 年第 6 期。

② https：//www. worldairportawards. com/cn/2021 – nian – quanqiu – zui – jia – jichang – 100 – qiang/.

重要的空中交通枢纽，除曼谷机场，还有 7 座国际机场。越南共有 15 座民用机场，除河内机场外，胡志明市的新山机场也是重要的航空枢纽。而缅甸仅有三座国际机场，除仰光机场外其余两座吞吐量很小。柬埔寨有两座国际机场，老挝有四座国际机场，吞吐量均不是很大。

铁路方面，截至 2021 年，泰国 47 个府通了铁路，总长为 4451 千米，运力强。越南国家铁路网络已经建成并运营了一个多世纪。根据越南交通部 2020 年数据，全国铁路网由 7 条干线和 12 条支线组成，总长 3143 千米（其中，干线总长为 2703 千米，支线总长 440 千米），遍及 34 个省市地区。缅甸铁路目前的运力很小，中缅铁路正在建设中。柬埔寨现有两条铁路：一条从金边至波贝，全长 385 千米；另一条从金边至西哈努克，全长 270 千米，是柬埔寨的交通大动脉，但是因为年久失修，运力较低。而老挝国内仅存 3. 5 千米的铁路，可以通往泰国。

水运方面，湄公河是贯穿五国的一条天然的黄金水道。泰国河运和海运十分发达，全国共有 47 个港口，廉差邦港是全泰最大的水上物流枢纽，运输量超过全国的一半以上。越南的海运也十分发达，海防市和胡志明市为著名的国际货运港口，越南南部是湄公河的入海口所形成的三角洲，北部有红河入海的三角洲，所以越南河运也发达，水运总长达 1. 1 万千米。缅甸的仰光港也是国内最大的港口，是东南亚通往印度洋最大的港口。柬埔寨的内河航运以湄公河和洞里萨湖为主，西哈努克港为国际港口，近年来发展迅速。老挝为内陆国，国内湄公河段险滩较多，运行条件较差，运力十分有限。

公路方面，泰国国内公路超过 16 万千米，各府各县都有公路相连，四通八达。越南的公路全长 13 万千米，其中 1. 4 万千米为国道，柏油路和水泥路约占 10%，未能满足日益增多的车辆通行。缅甸的公路里程大约有 8 万千米，主要的交通要道通行条件较好，支线的路面情况易受天气的影响。截至 2019 年底，柬埔寨路网总长度超过 5 万千米，包括国道 5622 千米，省级公路 6617 千米，农村公路约 4 万千米。现阶段的柬埔寨只有国道没有高速公路，国道以首都金边为中心的 7 条公路为主，辐射全国重要省市。老挝的公路总长为4.7万千米，承担着全国80%的客货运量。

总结五国的交通情况，除了泰国和越南的交通情况较好一些外，缅、柬、老三国的交通情况远远落后于世界水平。整个湄公河流域地区，缺乏一个较为完善的交通网，航空方面覆盖率低，缅、柬、老三国的机场难以形成竞争力。铁路方面，五国之间没有实现互通，即使泛亚铁路项目建设实施，也依然存在许多交通死角。水运和公路是五国交通运输的主要方式，但是目前湄公河作为“亚洲多瑙河”的优势并没有完全发挥出来，相关的河运设施并没有跟上。[①] 海运方面，各个国际港口间的基础建设差别巨大，落后的设施难以满足日渐增加的客货流量。公路的情况也是不容乐观，五国的公路级别都较低，多为泥土路，易受天气状况的影响，大型的客货车通行起来有困难。总之五国的交通状况都是贫困产生的原因之一，即使是经济发达的地区，若是没有发达的交通连接他处，强烈的“孤岛效应”将会降低该地区的竞争力。

五国在航空、铁路、公路和水运方面都有着十分广阔的合作前景。唯有用交通网把贫困地区连接起来，才能促进贫困地区的人员货物的流通，才能使一些实体产业入驻进去，实现从根本上脱离贫困。而五国之间，以及五国和中国、印度、其他东南亚国家之间实现交通互通，可以促进五国的国际贸易和各行各业的发展，进一步增强经济竞争力，从宏观方面推进减贫工作的进行。

在基础设施其他方面，五国依然存在着合作的必要。像泰国这样的国家存在能源短缺的情况，与此同时，老挝等能源丰富的国家需要出售其多余的能源。[②] 只有建立一个地区电网，将中国、越南、老挝、缅甸、泰国和柬埔寨连接起来，才能实现电力资源的合理分配。

---

① 阮思阳、李宇薇：《澜沧江—湄公河国际水运通道建设研究》，《广西社会科学》2016年第6期。

② 曾鸣：《“一带一路”战略下看中国与东南亚电力合作》，《中国电力企业管理》2015年第23期。

在网络方面，五国有着十分明显的人口红利，可以简要概括为基数大、增长快、年轻化三大特点。这样一个以年轻人为主体的市场，对于新兴的经济事物会有更好的接受度，将成为互联网金融的潜在用户群体。[①] 智能手机的快速普及，为互联网金融打下了坚实的传输网络基础。总体来说，五国的金融服务网点稀少，传统金融覆盖不足，个人金融服务需求存在缺口，均有利于互联网金融企业在五国的业务开展。

五国的城市化进程发展迅速，带来的是不仅仅是网络、电力、交通方面的需求激增，能源、通信、邮政的需求量也会随之加大。若是相关的配套设备跟不上，将会阻碍五国的经济进步，给十分严峻的减贫工作带来不可忽视的阻力。基础设施关系到民众生活的方方面面，而现如今的五国在基础设施上都存在着不同的问题。只有加强国际之间的合作，共同规划与协商，与国际接轨，才能让五国的现代化更进一步。可以预见，未来的湄公河流域五国将会是一个更大的市场，拥有更为广阔的经济发展潜力，而只有相关的设施跟上步伐，才能保障、释放它们的经济潜力，进而惠及民众并缓解贫困。

（二）卫生项目

民众的健康问题是一个国家人权保障的重要问题，保障民众的身体健康也是减少因病致贫现象的重要手段。完善国家的卫生设施不仅仅关系到每一个民众的健康，更是直接影响着国家的未来。如今的湄公河五国在独立后现代化的卫生设施经历了从无到有，再到现在供不应求的局面。

人均寿命方面，目前五国的健康状况有了明显的进步。几十年来，泰国平均寿命不断延长，2019 年，泰国平均寿命为 77. 18 岁，妇女达到 80. 9 岁，男子达到 73. 46 岁，婴儿死亡率为每千个死亡 7. 7 人。越南的人均寿命为 75. 4 岁，妇女达到 79. 5 岁，男子达到 71. 3 岁，婴儿死亡率为每千个死亡 15. 9 人。其余三国不太理想，人均寿命均低于全

① 范敏：《东南亚国家人口红利兑现分析及启示》，《亚太经济》2016 年第 6 期。

球平均寿命，柬埔寨平均寿命为 70 岁，缅甸平均寿命为 67 岁，老挝平均寿命为 68 岁。①

卫生设施和医疗水平方面，五国之间的差距较大。泰国的医疗水平为五国之最，素来享有“第三世界价格，第一世界水准”的美誉。泰国有 471 家私立医院，拥有数量众多通过了国际医疗机构评审联合委员会（JCI）认证的执业医师，私立医院在很多领域达到甚至超过发达国家医疗水平，费用却相较于发达国家非常低廉。其中也有数家医院和泰国特权签证达成合作，持特权签证者可以在指定医院享受折扣优惠。②越南的医疗水平也有了明显进步，目前全越各级医院共 1.3 万家，死亡率显著降低。缅甸地处热带，气候属于终年炎热潮湿，由于经济落后，医疗卫生条件差，肝炎和肠道疾病较为常见。整体来说，缅甸每一万人只有 6.1 个医生，在边远和落后区域，尤其是族群争端和难民聚集区域存在严重的公共卫生危机。在缅甸若开邦，每 8.3 万名居民，只能配备一个医生。③ 老挝的卫生情况依旧严峻，老挝有医院 165 所，其中公立医院 150 所，医院普遍条件较差，条件较好的人大多到泰国或者中国就医。④ 根据联合国儿童基金会估计，柬埔寨的农村只有 16% 的人口有条件使用卫生设施，65% 的人能用上安全饮水。城市的卫生状况要好得多，但是柬埔寨人口的 80% 居住在乡村。⑤ 许多农村家庭缺乏基本的卫生设施、卫生知识和卫生习惯。在家庭或学校，往往没有厕所和洗手的肥皂。儿童常常比成年人更多地接触脏东西，因此他们也就更容易受不健康环境的伤害。

医疗保健体制方面，五国的情况也各不相同，但与西方国家都有着

---

① 世界银行数据库，https：//data. worldbank. org. cn/indicator/SP. DYN. LE00. IN。

② 王超群、颜明芬、陶丽丽：《全民医疗保险制度建设：泰国的经验与教训》，《社会政策研究》2018 年第 2 期。

③ 周雷：《疫情之下的缅甸》，2021 - 09 - 03，https：//user. guancha. cn/main/content? id = 283926。

④ 联合国教科文组织，https：//en. unesco. org/。

⑤ 联合国教科文组织，https：//en. unesco. org/。

较大差距。泰国2002年建立起了一个惠及全民的健康保障计划，该计划运用的支出占国内生产总值的4.3%，该计划主要惠及三类人群：公务员、私营部门雇员和其他国民。目前该计划在全泰顺利实行，约1000多家医院和近一万个医疗诊所可以获得该服务，据泰国卫生部门的报告，大约全国99.5%的人可以享受该公告医疗保险。不过广大农村地区依旧缺乏相关的医护人员和医疗场所，加上人口增长带来的社会压力，即使在首都曼谷，医疗资源依旧紧张。越南相比其他国家，卫生保健体制建立时间早，1992年越南政府就推行了健康保险制度法，规定所有政府工作人员数量超过10人以上的国营企业或者私人企业的工人必须参加保险，该方案惠及600万工人，随后该方案在越南获得民众的支持，保险范围越来越大，最后全越95%以上的人有参保资格，保险的费用由个人和政府承担。越南的健康保险制度虽然取得了不小的成绩，但是没有合理的规划，卫生支出费用难以控制，甚至成为经济发展的负担。在分配问题上，没有国家的补贴来补偿，富裕地区和贫困地区所享受的保险金将会拉开差距，造成民众实际上享受的待遇不同。① 目前，缅甸的医院分为公立和私立。公立医院实施看病全免费，没有实行医疗保险制度，但是公立医院缺少医药；私立医院条件较好，家庭宽裕的人都会选择去私立医院看病。而老挝和柬埔寨的医疗保健体制尚不成熟，并不能对民众的健康情况给予保障。

五国的卫生情况发展差距较大，但是由于湄公河流域国家位于热带，气候湿热是五国的共同特征，所以一些消化系统疾病和传染病就成为该地区的常见疾病。同时，各国卫生设施有短缺现象，尤其是缅、柬、老三国，医疗覆盖率低，民众难以及时享受到相应的医疗服务，容易发生“因病致贫”的现象。所以，五国积极参与各个国际机构来改善国内的卫生水平有着合理的动因，也只有这样，才能联合起来共同应

---

① 孙丽娟、宫开庭：《越南医疗卫生体制发展与改革概述》，《中国卫生经济》2015年第9期。

对一些地区疾病，以此提升国民健康水平，延长人民平均寿命，减少滋生贫困的温床。

（三）农业项目

湄公河流域国家河流密布，土壤肥沃，地形多样，十分有利于农业经济的发展。柬、老、缅、泰、越五国均为传统的农业经济国家，农业占有国内经济的重要地位。湄公河流域人口密集，无论是从安全的角度还是从发展的角度，大力推动农业经济发展，实现农业现代化是柬、老、缅、泰、越五国政府和人民追求的目标。世界银行 2020 年数据显示，五国的农业增加值占 GDP 比重为：缅甸 22.8%，柬埔寨 22.8%，老挝 16.2%，越南 14.9%，泰国 8.6%。①

泰国是传统的农业经济强国，也是世界上稻谷和天然橡胶最大出口国。目前全泰可耕地面积约 22.4 万平方千米，占国土面积的 41%。主要作物有大米、玉米、木薯、橡胶、甘蔗、绿豆、黄麻、烟草、咖啡豆、棉花、棕榈油、椰子等，农产品是泰外汇收入的主要来源之一。泰国境内海域广阔，泰国湾和安达曼海是得天独厚的天然海洋渔场，泰国是世界市场主要鱼类产品供应国之一，也是仅次于日本和中国的亚洲第三大海洋渔业国。虽然农业增加值占 GDP 的比重只有 8.6%，但从事农业人口高达 1800 万，解决好农业问题是泰国发展的重中之重。②

农业在越南的地位更高，作为传统的农业国，农业人口约占总人口的 75%。耕地及林地占总面积的 60%。生产的农作物数量众多，如稻米、玉米、马铃薯、咖啡、各种热带水果等。尤其是热带水果，近年来发展迅速，成为所有农产品出口增长最快的项目，已超越大米和石油项目。过去十年，越南从印度手上赢得“世界腰果加工中心”的地位，并成为世界上最大的出口国。当前全球每年约有 340 万吨腰果原料，越

① 世界银行数据库，https：//data. worldbank. org. cn/indicator/NV. AGR. TOTL. ZS？view = chart。

② 陈格、汪羽宁、韦幂、黄智、曾媛、温国泉：《泰国农业发展现状与中泰农业科技合作分析》，《广西财经学院学报》2019 年第 3 期。

南已加工 160 万吨至 170 万吨。[①] 蔬菜、腰果、水产品、林产品已经成为越南农业四大品牌。不过，在国际市场其他国家强有力的竞争下，越南的农产品必须提升其品质才能在竞争中存活，而且越南的农产品物流和保存技术较为落后，很多应季产品难以销售到市场而造成浪费，损伤了广大农户的实际利益。[②]

缅甸的农业为国民经济的基础，可耕地面积约 1800 万公顷，尚有 400 多万公顷的空闲地待开发，主要农作物有大米、豆类、芝麻、花生、橡胶、小麦、棉花、甘蔗、油棕、甜瓜等。[③] 缅甸土地肥沃、雨量充沛，在农业发展上虽有得天独厚的优势，缅甸稻米年产量超过 1200 万吨，近年来有不断增长的趋势，目前是世界第六大水稻生产国和第五大稻米出口国。水稻作为缅甸最重要的农产品，其政策扶持、从业人员数量均在农业生产中占据极大的比重。缅甸气候干湿分明，无强降雨、台风等恶劣天气，适合橡胶、油棕等经济林木的生长，马来西亚、印度尼西亚等国资本均在当地投资有橡胶和油棕产业。不过，缅甸的农业生产也面临一系列问题，主要表现为农业设施投入不足、农艺技术落后、政策扶持不足等，直接或间接导致农业生产率低等。[④]

农业是柬埔寨经济第一大支柱产业。农业人口占总人口的 85%，占全国劳动力的 78%。全国可耕地面积 630 万公顷，全年水稻种植面积 297.1 万公顷，稻谷产量 931 万吨，可加工成约 300 万吨大米供出口，大米是柬埔寨主要的出口品之一。柬政府高度重视稻谷生产和大米出口，如政府首相洪森 2015 年百万吨大米出口计划的号召，不但提升了本地农民的积极性，也让众多投资者更热衷于投入农业、利用先进的管理技术改良稻种、建立现代化碾米厂。天然橡胶种植面积 28 万公顷，

---

① 世界粮农组织官网，http://www.fao.org/。

② 阮国越：《越南农业机械化的现状与前瞻》，《农机市场》2019 年第 5 期。

③ 冯岩、王颖、苏园芳：《缅甸农业种植的主要作物分析》，《营销界（农资与市场）》2018 年第 22 期。

④ 杨德荣、曾志伟、周龙：《缅甸农业发展现状分析》，《营销界（农资与市场）》2018 年第 22 期。

产量为 6. 45 万吨，渔业产量 66. 2 万吨。[①] 可是近年来，由于技术落后、设施不足和缺乏市场等问题，农产品仅占柬埔寨出口商品的极小份额，其中大米出口仅占 4% ，橡胶占 2% ，而服装和鞋子则占八成。农业对柬埔寨经济的贡献力量也越来越小，2020 年农业增加值占国内生产总值比重仅有 22. 8% ，工业增加值占 34. 7% ，货物和服务出口占 62. 4% 。农业部部长荣沙坤强调，“推动农业领域发展和提高农业领域对国家经济贡献，被列为最优先工作目标。加强粮食保障和改善营养不良，从而降低贫穷现象，也是农林渔业部的工作重点”。[②]

老挝工业基础薄弱，农业是其重点产业，在国民经济中占主导地位。农业在国民经济中的占比约 25% ，全国约 60% —70% 的成年劳动力从事农业生产。[③] 老挝各地区发展不平衡、差距较大，而农业基本处于粗放式种、养殖阶段，汛期洪涝灾害频发，枯期生产生活缺水严重，抗灾能力较差，导致农业单产较低，粮食产量并不稳定。因而，老挝农业种植和农产品的数量和规模依然很小，农产品出口仍处于较低水平，老挝百姓发展农业供自身使用，剩余部分出口。自给自足的小规模经营便是农业的一个特点。同时，周边的越南和泰国作为农产品输出国，以品质、规模和价格等优势，对老挝的农产品出口造成影响。[④] 总体来讲，老挝是东南亚地区水资源最丰富的国家，丰富的农业资源也成为外商投资追求的热点之一，具有较大的发展潜力和利用价值。老挝需要引入国外资本投资农业生产，通过使用现代化的机械和技术，促进生产和出口。

湄公河流域五国的农产品具有很明显的相似性和可替代性，在买方市场的前提下，五国的农业出口会形成恶性竞争，大肆压低价格，而谷

---

① 世界粮农组织官网，http：//www. fao. org/。

② 柬埔寨农业部官网，http：//www. maff. gov. kh。

③ 李进、杨艳明：《21 世纪以来中国与老挝关系的发展》，《东南亚纵横》2016 年第 4 期。

④ 金龙：《老挝与中国农业经济合作发展研究》，硕士学位论文，云南师范大学，2018 年。

贱伤农，这将不利于减贫工作的展开，因而需要五国合理协商做出规划，在合理配置下进行农业生产，而不是盲目地扩大生产。五国农业生产的工具和肥料较为落后，需要国际社会的援助，参与国际合作才能让五国的农业更上一层楼，惠及更多民众。[①] 目前，农产品进出口是湄公河流域五国所积极倡导的，它们最大的市场在中国。中国与湄公河五国地缘关系紧密，双方地理毗邻、海陆相连，区位优势显著。2019 年 1 月底，中国农业农村部正式设立澜湄农业合作中心，几年来，澜湄农业合作中心在推动澜湄农业合作机制完善和体系建设，尤其是拓展农业贸易与投资合作等方面的成效显著，为次区域人民带来更多实际的利益。

（四）教育项目

大力发展教育，是减少贫困十分有效的方法。东南亚国家普遍教育落后，民众受教育水平低，降低了国家和民众的竞争力。湄公河流域五国的科技和教育投入整体偏低，而且国家之间差距较大。教育方面，五国的教育和人力资本方面的投入较晚，受经济发展、内战、灾害等方面的影响较大。目前各国教育和科技投入在 GDP 中的占比为：泰国 19%，越南 18%，缅甸 5%，老挝 13%，柬埔寨 9%。[②]

泰国实行 12 年制义务教育，从小学到高中均免费就学。著名高等院校有朱拉隆功大学、法政大学、农业大学、清迈大学等。目前全泰的教育管理机构为全国教育委员会、教育部和高等教育办公室，泰国所有学校都可以得到来自政府的资助，大部分教育上的经费来自国家的预算开支。泰国的成人识字率为 94%（2018 年），教育公共开支总额占 GDP 的 4.1%（2013 年）。[③] 教育的地域差在泰国十分明显，中部地区人口比较集中，占全国总人口的五分之一，教育较为发达，适龄儿童入

① 李洋、施孝活：《“一带一路”倡议下中国与东南亚国家农业合作前景》，《农业展望》2018 年第 5 期。

② 世界银行，https：//data. worldbank. org. cn/indicator/SE. XPD. TOTL. GD. ZS。

③ 世界银行，https：//data. worldbank. org. cn/indicator/SE. XPD. TOTL. GD. ZS。

学率最高，是泰国政治、经济和文化教育科学的中心。[①] 而北部山区经济落后，基础设施跟不上，教育水平低下。

教育随着经济的进步有了较大的发展，越南政府也逐渐注重国民的教育问题，因此越南从教育政策、内容等多方面进行改善。越南国内识字率年年攀升，已经达到了95%之高。[②] 目前越南普及了九年义务教育，全国共有376所高等院校。著名高校有河内国家大学、胡志明市国家大学、顺化大学、太原大学、岘港大学等。到越南留学的全球学生也非常多，而且在世界数学、物理、音乐、体育、外语等竞赛中，来自越南的学生也多次获奖，且国际高校及越南高等院校等纷纷在越南各大城市建立并不断扩大规模。不过越南高等教育基础差，初等教育不扎实的现象依旧存在。没有良好的教育作为支撑，越南的经济难以在发展中取得突破。现阶段越南能进入大专及以上的学生有30.5%，民众受教育水平普遍较低，人均教育经费也只有133美元，这样的情况难以满足国民的教育需求。

缅甸在1826年之前，只有传统的寺庙教育，僧侣为教师，男孩一生中都有一段或长或短的时间在寺院中度过，接受宗教教育，同时学习识字和简单的算术。如今，缅甸政府对于国内的教育有了足够的重视，大力推行扫盲工作，实行小学义务教育，全民识字率约94.75%。[③] 截至2020年底，缅甸共有基础教育学校40876所，大学与学院108所，师范学院20所，科技与技术大学63所，部属大学与学院22所。著名学府有仰光大学、曼德勒大学等。可以说，缅甸的教育既有着西方的制度，又有着传统的宗教教育，但是基础教育的设施落后，很多教育环节流程化，教育质量普遍低下。高等教育缺乏资金支持，在国际上难以形

---

① 舒兰：《泰国中部公私立学校汉语教学差异性研究》，硕士学位论文，陕西理工大学，2021年。

② 世界银行，https：//data. worldbank. org. cn/indicator/SE. ADT. LITR. ZS。

③ 中华人民共和国驻缅甸联邦共和国大使馆官网，http：//mm. china - embassy. org/chn/。

成竞争力。①

柬埔寨的教育起步较晚，在20世纪60年代才有了较大的发展，70年代由于长期战乱，教育事业遭受到毁灭性打击，其后，教育重新得到了政府的重视。1983年小学入学人口数有159.7万人，为20世纪小学入学人口数最高年份。第二个高峰是2003年，小学生入学人口数为277.2万。自2004年到2019年，小学生入学人口数波动下降，2019年仅有216万小学生人口。② 如今的柬埔寨教育设施落后，信息化设备普及率低，如何利用信息技术提升教育质量、促进教育公平，成为柬埔寨人民面临的一大挑战。③

老挝的教育基础十分薄弱，在五国中属于最没有竞争力的一类。老挝的基础教育包含学前教育、初等教育和中等教育三个阶段，学制分为小学五年，初中四年，高中三年。老挝是殖民地、半封建体制与革新的现代教育的结合，而推行教育革新并没有和经济化、现代化的国家战略同步发展，教育质量的提升速度远落后于教育规模的扩大，加之经济发展滞后又制约了教育文化事业发展，因而在今天新的教育体系下仍保留着许多陈旧的、过时的方面，使得彻底革新困难重重。

综上所述，五国的教育都具有低水平、需求大、设施差、地区化的特征。初等教育方面，虽然实行了义务教育制度，大幅度的扫除了文盲，但是相关的设施跟不上学生的需求，难以为高等教育培养出优秀的人才。高等教育方面，资金不足是主要问题，五国的高等学府没有真正意义上的与国际接轨，在国家科研人才的培养上难以以国际化的标准来衡量，而同属东南亚的新加坡就做到了这点。所以，只有加强学术上的国际交流才能提升五国高等学府的竞争力，参与国际间的合作，才能扩大自己高等教育的影响力，加强基础教育的实力，为广大学生创造良好

---

① Thein Lwin, "Global Justice, National Education and Local Realities in Myanmar: A Civil Society Perspective", *Asia Pacific Education Review*, Vol. 20, No. 2, 2019.

② 世界银行，https://data.worldbank.org.cn/indicator/SE.PRM.ENRL?locations=KH。

③ 梁婧：《柬埔寨教育研究综述》，《荆楚学术》2017年第2期（总第九期）。

的学习环境，从根本上减少贫困的发生。

三 技术层面

如今的国际减贫合作不仅仅是提供援助与接受援助那么简单，从马歇尔计划以来，国际上发展援助的目的已经从战后的重建发展到以促进经济增长、实现国家的减贫发展为核心。如果只是单纯的单项援助，根本无法从根本上消灭贫困，往往会增加受援地人民的惰性，丧失改善生活的意愿，成为援助下的“吸血虫”。[①] 东南亚国家经历了几十年的发展后，对国内的贫困现象引起了高度重视，各国的经济发展相互联系程度加深，融入统一的世界市场。国内外的问题相互影响，在减少贫困的问题方面都需要与其他国家或者国际组织进行合作，也只有通过国际间的合作，才能获取充足的资源和先进的减贫经验来支持减贫工作。

目前世界各国有三种重要的减贫模式，具体如下。一是“发展极”模式。“锁定重点扶贫目标并给予政府扶持，鼓励扶贫目标积极发展”。其基本思路是由主导部门和有创新能力的企业在某些地区或大城市聚集发展，形成经济活动中心，对周围产生促进和辐射作用，推动其他部门和地区的经济增长，以经济增长方式促使贫困人口自下而上地分享经济增长成果，缓解区域性贫困状况。二是“满足基本需求”模式。“直接向贫困人口提供生活教育设施，提高贫困人口的收入和生产率”。基本是“从把经济增长作为通过就业和再分配衡量发展的主要标准到基本需求的演进，从抽象目标到具体目标，重视手段到重新认识结果，以及从双重否定（即减少失业）到肯定（满足基本需求）的演进”。为农村贫困人口提供基本商品和服务、食物、水和卫生设施、健康服务、初级教育、非正规教育以及住房等。三是“社会保障方案”模式。即直接对贫困人口发放社会补助的形式。该模式作为一种福利制度成为经济发达国家主要反贫困措施，主要通过财政手段实行国民收入再分配方案，

---

① 王勤：《东南亚国家产业结构的演进及其特征》，《南洋问题研究》2014 年第 3 期。

政府对贫困人口直接提供营养、基本的卫生和教育保障及其他生活补助，以满足贫困人口的家庭生活需要。①

无论湄公河流域国家采用哪种模式来减少贫困，都离不开国际社会的帮助。五国的自然环境和人文社会都有一定的相似性，致贫原因又有高度的相似性。目前五国的经济发展较为薄弱，没有形成一套有效且符合国情的减贫方案。基于此，只有通过国际合作来统一规划和管理，让有限的资源和技术在五国内合理流通，才能更加高效、更加彻底地减少贫困。

---

① 骆逸舟：《N 县精准扶贫及其影响因素分析》，硕士学位论文，湖南农业大学，2019 年。

第三章

澜湄地区国际减贫开发合作机制的现状及启示

第一节　澜湄地区现有国际减贫机制及其成效

冷战结束以来，湄公河地区的减贫合作与开发援助一直是域内外国家重点关注的领域。域外国家如日本、美国、印度、韩国等国家纷纷对澜湄地区施以援手，以多种形式对澜湄地区的贫困问题采取多种措施。经过域内外国家的共同努力，本区域已建立多种形式的减贫合作机制与倡议，为促进本区域贫困问题的解决，推动可持续发展做出了巨大的贡献，取得了显著的成果。

一　同域外伙伴的减贫合作机制及其成效

（一）美湄合作机制

美国通过一系列机制与合作倡议，逐渐在湄公河地区建立了对湄公河国家的合作方式，为美国提供亚太战略空间的同时，也将逐渐加强与东盟国家的联动协作，进一步推动美国的亚太战略布局以及与亚洲盟友的关系。美国实施“重返亚太”和“亚太再平衡”战略后，美湄合作成为美国扩大地区影响力、制衡中国的重要手段之一。通过一系列会议、计划、项目、机制等逐渐加强与湄公河国家的合作，美国与湄公河国家逐步形成了以“湄公河下游倡议”与“湄公河下游之友”为核心的美式“美湄合作”。2009 年 7 月，美国国务院提出与湄公河下游五国（老挝、缅甸、柬埔寨、泰国、越南）构建新型合作框架的构想，并共同达成了“湄公河下游倡议”。2010 年 5 月，作为“湄公河下游行动计划”的一部分，密西西比河委员会与湄公河委员会签署合作协议，建立“姊妹河”关系，加强在教育、环境、健康、基础设施等领域的合作与协商。2011 年，“湄公河下游行动计划”的伙伴国家通过概念文件，规划了未来五年合作的行动计划，确定了美湄合作的指导原则和具体目标。同时，湄公河下游国家还建立了“网上秘书处”，以加强各国间的协调和规划。通过一系列机制化合作，美国加速和完善了在这一地区的战略布局，使得湄公河地区成为美国“重返亚太”的“战略前沿”。[①] 2020 年 9 月 11 日，为深化同该地区的区域合作，美国与柬埔寨、老挝、缅甸、泰国及东盟秘书处启动了“湄公河—美国伙伴关系”。

作为一项多边区域合作计划，美国所主导的“湄公河下游行动计划”从最初加强环境与水资源治理、医疗卫生、教育和基础设施建设领域的合作，发展成为关注粮食与农业安全、连通性、教育、能源安全、环境和水、健康的“六大支柱”的合作，[②] 旨在促进湄公河次区域合作和能力建设。自 2009 年“湄公河下游倡议”推行以来，美国国务院和美国国际发展署（USAID）向湄公河五个伙伴国提供了近 35 亿美元的对外援助，并且覆盖了基础设施建设、电力开发、人力资源培训、教育等诸多领域。[③] 美国希望借这一计划提高和拓展对湄公河下游的资助力度，促进自身对湄公河下游未来发展的参与，[④] 同时，针对最紧迫的跨境发展挑战制定共同应对措施。美国援助的焦点一直是软性基础设

① 任娜：《美国介入大湄公河次区域与中国的应对》，《东岳论丛》2014 年第 12 期。

② 于砼：《话语政治视域下的“湄公河下游行动计划”研究》，硕士学位论文，东北师范大学，2016 年，第 20 页。

③ 徐金金、严俊诚：《湄公河—美国伙伴关系：缘起、趋势与挑战》，《荆楚学刊》2021 年第 6 期。

④ 任娜：《美国介入大湄公河次区域与中国的应对》，《东岳论丛》2014 年第 12 期。

施，在卫生、教育和水资源管理方面都设有相关项目，这比较符合美国将对外援助的重心从大型硬性基础设施项目上转移走的倾向，帮助次区域预测气候变化的未来影响一直是美国援助的核心焦点。

美湄合作领域主要集中在环境、医疗、教育和基础设施等民生领域，机制建设是美湄合作的一个重点。2017 年 8 月 7 日，第十次湄公河下游倡议外长会在菲律宾马尼拉举行，柬埔寨、老挝、缅甸、泰国、越南、美国等国外长及东盟秘书长出席会议。越南政府副总理兼外长范平明对湄公河下游倡议合作取得的重要成就表示祝贺，强调越南将继续同湄公河各国与美国一道为了湄公河流域的可持续发展推动合作。[①] 2021 年 1 月 12 日，美国和越南共同主办了美湄合作机制下的首次湄公河政策对话，旨在帮助湄公河各国融入地区经济，推动该地区的可持续发展。此后，第二届湄公河—美国伙伴关系部长级会议上，美国强调致力于建设一个具有弹性、安全、互联和开放的湄公河次区域，并强调了该地区对东盟繁荣和团结的重要性。[②] 简言之，美湄合作机制的升级与伙伴关系的构建，有助于湄公河各国在亚太地区快速变化的背景下适应和把握发展新机遇，特别是减贫合作领域为湄公河国家注入了巨大的生命力，有效地推动了湄公河地区乃至整个东南亚国家联盟的和平与繁荣，同时，体现了美国和湄公河流域国家合作逐渐深化，也显示该地区对美国战略重要性的上升。

（二）日湄合作机制

冷战后，日本将湄公河地区视为其对东南亚外交合作的重点，多年来参与到澜湄次区域减贫合作中，相继加强对湄公河国家的经济援助，与其构建了多种合作机制。如印度支那综合开发论坛（FCDI）、伊诺瓦底江、湄南河及湄公河经济合作战略、日本—东盟经济产业合作委员会

---

① VOV5. CN：《第十次湄公河下游倡议外长会举行》，2017 - 08 - 07，m. vovworld. vn/zh - CN/新闻/第十次湄公河下游倡议外长会举行。

② 徐金金、严俊诚：《湄公河—美国伙伴关系：缘起、趋势与挑战》，《荆楚学刊》2021 年第 6 期。

(AMEICC)，以及针对柬、老、缅、越四国的双边援助机制（CLMV）与大湄公河次区域经济合作（CLMV）等，从最初的人力资源培训以及基础设施建设等领域逐步扩展至贸易和投资领域，合作方式也从双边走向多边。日本针对湄公河国家的基础设施建设、人力资源培训、经贸合作等多个领域参与减贫合作，通过无偿资金援助、政府贷款、开发调查和技术援助等双边合作以及亚洲开发银行、联合国开发计划署等多边合作的渠道，实施了多个援助项目。[①] 这使湄公河国家获得了大量的资金和技术支持，提高了各国的整体经济发展水平，有利于次区域贫困问题的解决，同时，加强了与湄公河各国间的联系，还缩小了东盟内部的经济发展差距，为东盟一体化进程做出了巨大的贡献。

日湄合作一直是冷战后日本对东南亚合作的重点，日本对于湄公河地区的开发与投入时间早、周期长，与湄公河流域五国的合作已机制化，对该地区的投入也呈现逐年递增的态势。日本政府发展援助（ODA）在日本对湄公河国家合作中占有重要比重，包括日元贷款、无偿援助和技术合作三个方面。政府开发援助方针是日本对湄公河地区五国经济外交的先导。早在 1993 年日本就举办了“印度支那综合开发论坛”，强调地区共同开发与对湄地区经济援助。进入 21 世纪以来，日本的援助更多体现在解决当地发展问题上，针对湄公河国家制定出具体的援助方针。2003 年，日本政府公布《湄公河地区开发的新观念》，包括合作的基本政策和具体内容。2007 年，在日本的主导下建立了“日本与湄公河区域合作伙伴机制”，公布《日本—湄公河地区伙伴关系计划》，发起日湄长期合作的倡议，并于 2009 年起每年举办“日本与湄公河国家领导人峰会”。安倍政府以来，为进一步落实“日本与湄公河区域合作伙伴机制”，决定每年举行年度领导人峰会，且每三年在日本举行一次，定期举行外长、经济部部长会议，以及工作层面高层官员磋商。2015 年在东京举行的第 7 届湄公河—日本峰会上，日本进一步提

① 毕世鸿：《日本对湄公河地区经济合作的援助政策》，《东南亚》2007 年第 2 期。

出要在该地区发展“高质量”的基础设施，重视项目的全球性标准和高透明度，并将湄公河互联互通建设倡议作为“东西走廊”和“南部走廊”的重要组成部分。在日湄合作层层推进的同时，日本在经费上的投入也是不遗余力。

湄公河与日本合作框架涉及经济社会发展、基础设施建设、千年发展目标的实施、湄公河水源环境和安全保护等众多领域。值得注意的一些合作倡议，如日本—湄公河合作包括63个项目的行动计划，其中两大核心是绿色湄公河倡议和湄公河—日本经济产业合作倡议。基础设施开发、环保、文化交流和公私合作等领域的许多重要项目已经或正在实施。值得一提的是，绿色湄公河倡议面向推进水资源管理的生物多样性合作、紧急处理区域发展所涉及的相关环境问题。2016—2018年间，日方承诺将为湄公河流域提供官方开发援助增至7500亿日元（较上阶段增加1500亿日元），旨在促进工业设施开发、工业资源、可持续发展和协调政策等四大支柱上的流域可持续发展。2018年8月，湄公河流域五国与日本合作部长级第11次会议召开，日本承诺协助柬埔寨、老挝、缅甸、泰国和越南等湄公河流域五国加强基础设施互联互通。日本外务大臣强调，日本政府将在符合湄公河国家发展需求的基础上通过发展高质量基础设施向湄公河流域五国提供支持，同时加强在工业、卫生和培训等流域人力资源的合作。2018年10月，湄公河流域五国（缅甸、老挝、泰国、越南、柬埔寨）领导人与日本领导人在东京举行了第10届峰会，同意推动基础设施建设合作，促进“自由、开放的印太地区”发展，并将2019年定为“2019湄公河—日本交流年”。过去几年中，已有近1000家日本公司向湄公河次区域国家进行投资，包括位于老挝占巴塞省的巴色——日本中小企业特别经济区。缅甸领导人昂山素季在与日本首相安倍的联合记者招待会上指出，从2015年至2018年的湄公河地区与日本的合作来看，“特别是缅甸从其中的16个双边项目和100个多边项目中获益匪浅”。日本领导人表示，过去三年来日本公司在湄公河地区的投资超过2万亿日元，对东盟的发展援助70%拨给了湄公河地区。

关于日本与湄公河流域的泰国、缅甸、越南等五国的合作领域，六国新签署的《东京战略2018》草案，将通过基础设施建设强化区域内各国间的联系，实现无差距及无贫困的“以人为本的社会”，实现“绿色的湄公河流域”作为新的3大支柱，提出在基建、人才培养、气候变化对策等方面携手努力。① 除了把湄公河流域定位为亚洲巨大新兴市场的中心，推进日本政府提出的“高质量基础设施”建设等，各方还将就强化在信息通信技术（ICT）等软件层面的联系展开合作。《东京战略2018》确定了促进日湄合作的三个具体目标：实现均衡且可持续发展目标；实现自由开放的印太；协调湄公河经济合作战略（ACMECS）的关系。② 长期以来，日本参与湄公河地区减贫合作，极大改善了该地区国家基础设施与投资环境，也提升了与湄公河五国间的伙伴关系，扩大了自身的政治、经济影响力。

（三）印湄合作机制

自1989年开始实施向东看政策的印度，积极同湄公河和东盟地区加强合作。到2000年，印度与大湄公河次区域的合作不断走向深入，其“向东行动”政策与湄公河各国“向外”发展战略正在对接，印度与湄公河国家等六国外长同意建立湄公河—恒河合作（MGC）。MGC的目标是通过旅游、文化、教育和交通互联互通四大合作领域，巩固湄公河和恒河流域各国之间的团结友谊。最初的合作领域主要涉及旅游、文化、教育和交通。印度与湄公河区域的合作与对接，主要包括扩大东西经济走廊、通往印度的南方经济走廊建设，以及进一步消除贸易壁垒，促进贸易与投资便利化。

---

① 《突出与中国的不同，日本与湄公河国家将提出新战略合作草案》，环球网，2018-09-29，https://m.huanqiu.com/r/MV8wXzEzMTM5MDg1XzEzOF8xNTM4MTgyMDIw?pc_url=http%3A%2F%2Fworld.huanqiu.com%2Fexclusive%2F2018-09%2F13139085.html%3Fagt%3D15422。

② 金新、罗艳：《2019—2020年域外国家参与湄公河下游减贫合作及东盟国家态度》，《东盟发展报告（2019—2020）》，社会科学文献出版社2021年版，第68—81页。

第一次 MGC 部长级会议最早于 2000 年 11 月 9 日至 13 日在万象举行。发表了《关于 MGC 的万象宣言》，内容涉及在 4 个传统领域的合作。至 2012 年印度已与湄公河国家举办了五次 MGC 部长级会议。2012 年 9 月 4 日，印度国家情报局在新德里主办了第六次 MGC 部长级会议，随后于 2012 年 9 月 3 日举行了 MGC 高级官员会议。会议得到了所有 MGC 合作伙伴国家的积极参与，这些国家超越了现有的四个传统合作领域，即旅游、文化、教育、交通和通信等方面，同意将合作范围扩大到新的领域，如中小企业合作、水稻种质资源保护、建立一个卫生工作组、在那兰达大学建立一个共同的档案资源中心（CARC），以便信息资源共享。同时，六国还注意到印度—缅甸—泰国三边公路项目得到的积极进展，以及印度—东盟框架下正在进行的其他合作，以实现印度—东盟的连通性。考虑到 MGC 国家之间的连通性及其相关利益的重要性，部长们同意迅速处理与印度—缅甸—泰国三边公路延伸至柬埔寨和老挝有关的事项，以及关于发展印度—缅甸—老挝—越南—柬埔寨的新提议。此后印度与湄公河国家的 MGC 部长级会议中，在工作方案中增加了新的领域，如中小企业领域的合作、水稻种植、卫生和流行病、那兰达大学档案资源中心和快速影响项目。MGC 在贸易、旅游、发展、人员和货物流动等领域的合作不断扩大。印度宣布了 50 个新的 ITEC 奖学金，为 MGC 国家在文化、旅游、工程、管理、教师培训、电影导演、音响、灯光和舞台管理等领域提供奖学金，宣布了新的软件开发和培训卓越中心。此外，宣布了执法、金融市场、信息和通信技术和空间方面现有的能力建设方案，以补充 MGC 合作伙伴的要求。除柬埔寨 9 个项目和越南 5 个项目正在实施外，老挝 3 个快速影响项目和缅甸 2 个项目正在考虑中。

近年来，印度与湄公河国家加强了在四大传统领域的合作，印度进一步增强了对湄公河国家的帮助与支持，通过参与互联互通项目促进印度的东北地区与次区域的经济融合。2016 年 10 月，印度起草了 2016—2018 年行动计划（POA），该计划被批准成为未来行动的核心指导方针。关于 MGC 的未来方向，建议继续进行 POA 2016 – 18。ACCC + 印度会议于 2017 年 3 月在印度尼西亚苏拉卡塔举行。它支持将三边公路延伸至老挝、柬埔寨和越南。建议在旅游业特别是旅游营销方面开展合作，为出境旅游者开发旅游目的地。① 2019 年 8 月举行的第 10 届湄公河—恒河外交部长会议中，印度与湄公河六国关于近期合作情况取得的成就表示欢迎，特别是 MGC 为柬埔寨、老挝、缅甸、越南等各国展开的奖学金项目，成立位于柬埔寨暹粒市的传统纺织博物馆，印度那烂陀大学共同数据中心，印度与湄公河次区域对接活动，等等。各部长一致同意通过 2019—2022 年阶段 MGC 行动计划，其中补充水资源管理、科技、提高能力和发展技能等三大新合作领域，继续加强农业、水产、卫生、贸易、文化与旅游等合作。本届会议还欢迎印度成为伊洛瓦底江—湄南河—湄公河的经济合作战略的发展伙伴。2020 年是 MGC 合作路程的 20 周年，是 MGC 合作提升至新高度的机会。印度与湄公河国家将会进行包括加强对接合作，积极研究协助发展实现湄公河地区至印度的多式运输网络；实现贸易与投资便利化，删除贸易壁垒、促进贸易、配合通关、检疫和发展地区供应链；推动水资源可持续发展等一系列优先合作。②

（四）韩湄合作机制

近年来，随着美、日等国家在湄公河地区的一系列合作机制与合作战略的建立，韩国也逐步加强了与湄公河地区的开发与援助合作。较之美、日、欧以及印度等国家及地区来说，韩国参与湄公河开发事业起步较晚。但是，随着冷战的结束以及湄公河国家逐步转向市场经济体制并推行对外开放政策，该地区与韩国的经济交流快速增加，成为韩国重要

---

① “Ministry of External Affairs, Government of India: About Mekong – Ganga Cooperation (MGC)”, 30th Marth, 2017, https://www.mea.gov.in/aseanindia/about – mgc.htm.

② 《第 10 届湄公河—恒河外交部长会议》，人民日报网，2019 – 08 – 02，https://cn.nhandan.com.vn/international/international_ news/item/7173701 – 第 10 届湄公河 – 恒河外交部长会议.html。

的贸易和投资对象。同时，随着经济的高速发展和经济地位的提升，韩国逐渐开始谋求与其经济实力相称的国际地位，希望提高在国际社会的影响力，开始积极参与对湄公河地区的开发合作与经济援助事业。从李明博政府推行的以东盟为重心的“新亚洲外交”，到朴槿惠政府提出“持续扩大 ODA 及推进模范的、全面的开发合作”的战略目标，具有巨大发展潜力的湄公河区域受到韩国的关注。再到文在寅政府推进的新南方政策，计划将韩国与包括湄公河流域国家在内的东盟关系提升到与美国、日本、中国、俄罗斯关系的水平上。2011 年 10 月，韩国与湄公河国家举行第一次外长会议，发表了《关于建立韩国—湄公河全面合作伙伴关系，共同繁荣文明的汉江宣言》，拉开了韩国积极参与湄公河开发合作的序幕。韩国不仅开展与湄公河国家的外交活动，也向日本学习加强对湄公河地区的官方发展援助（ODA）。韩国一向是湄公河五国乃至东盟地区重要的官方发展援助来源国，湄公河流域各国高度评价韩国对湄公河流域所给予的支持。1987—2017 年，韩国向湄公河地区提供的援助资金占该国向东盟提供 ODA 的 74%。此外，2013—2017 年，韩国政府向韩国—湄公河合作基金提供了 430 万美元的援助。

韩国—湄公外长会是韩国与湄公河国家进行合作的主要形式，内容涵盖官方发展援助、经济合作等方面。2010 年 10 月，韩国东盟首脑峰会在河内举行，当时韩国提议举办韩—湄公外长会议，成员国包括韩国和湄公河五国（柬埔寨、老挝、缅甸、越南、泰国）。经过长期的合作，韩国与湄公河国家之间通过具有合作纲领性质的“韩国—湄公河行动计划”，并发表评估双方官民合作、交换对地区和国际事务立场的联合议长声明。2018 年，第八届韩国—湄公河外长会议召开，会上韩国表示将加强与湄公河流域国家的合作，向东盟、韩国—湄公河合作基金项目提供资金支持。双方同意加强互联互通，缩小发展差距以及提高可持续发展能力。其间，时任越南政府总理兼外长范平明表示，“湄公河地区各国和韩国应注重环境保护，预防和有效、及时处理湄公河发生的事故，可持续管理湄公河水资源并扩大与湄公河委员会的合作"①。关于近期合作情况，各国部长对2017—2020年阶段行动计划及六个优先领域的各项目（其中包括在越南开展的能力建设及工业化建设和越南农业电子商务等项目的落实情况）给予积极评价。同时，与会代表对第五届湄公河—韩国企业论坛所取得的结果表示欢迎，并一致同意继续加强互联互通合作，缩小发展差距以及提高可持续发展能力。各位部长就湄公河—韩国合作机制进行升级，并对2019年举行首届湄公河—韩国领导人会议的可能性达成一致，探讨2019年举行第一届湄公河—韩国峰会将讨论韩国—湄公河合作机制升级的可能性。与会代表还就朝鲜半岛、东海形势，以及其他非传统安全问题等国际和地区问题展开讨论，通过了主席宣言，并就第九届韩国—湄公河部长级会议于2019年在泰国举行达成一致。②

（五）欧盟—湄公河合作机制

由于冷战的结束以及和平与发展成为时代主题，湄公河地区经济和社会发展的巨大潜力、正在显现的民主化倾向，使欧盟逐渐成为参与这一地区合作进程的一支重要力量。相较于美国，欧盟提出重点加强湄公河委员会力量，推动湄公河国家在民主、人权和扶贫等方面的发展，促进可持续发展目标的实现和区域一体化进程。

进入21世纪以来，欧盟与湄公河次区域国家的贸易额呈现大幅增长趋势，政治对话关系逐渐走向成熟，准备实施"共同合作湄公河开发计划"，与湄公河五国在各领域内的合作也不断扩大和加深，有力带动了湄公河地区国家经济的增长。2010年，第18届欧盟与东盟部长级会议讨论了双方在政治、经济和安全等领域的合作，欧盟向东盟各国的援助则用于社会发展和消除贫困，双方表示建立全面政治伙伴关系。2020年，欧盟与东盟召开第23届部长级会议，双方将双边对话伙伴关

---

① VOV5. CN：《韩国承诺增加对湄公河地区各国的援助》，2018-08-03，m. vovworld. vn/zh-CN/新闻/韩国承诺增加对湄公河地区各国的援助。

② 《第八届韩国—湄公河外长会在新加坡召开》，越南人民报网，2018-08-04，https：//cn. nhandan. com. vn/international/item/6308001-第八届韩国-湄公河外长会在新加坡召开。

系提升为战略伙伴关系，将在2030议程、巴黎协定、生物多样性保护和管理、绿色金融、可持续的互联互通等方面加强合作。[①]

欧盟委员会还通过积极参与湄公河流域的气候治理来参与对湄公河国家的减贫合作，且取得了较为显著的成果。湄公河下游流域国家（柬埔寨、老挝、泰国和越南）特别容易受到气候变化的影响，气候变化又直接影响到域内国家农业与粮食的收成，间接影响到农民的收入。全球气温上升导致该地区天气受到干扰，气温升高，降雨量增加，季风降雨预报不太可能，台风等极端天气事件也会发生，流域内的农业和渔业受到洪水和干旱增加的影响。海平面上升引起的湄公河三角洲海水入侵也威胁着人们的生计，并可能导致数百万人流离失所。由于气候变化的挑战影响到该地区的每个国家，通过区域合作和协调可以使相关政策更加有效。欧盟委员会通过支持湄公河委员会的气候变化适应倡议（The Climate Change Adaptation Initiative，CCAI），以解决湄公河区域国家面临的生态系统挑战。该倡议（CCAI）侧重于通过制定柬埔寨、老挝、泰国和越南四个国家的试点计划以及在湄公河下游地区（LMB）实施气候变化影响评估，来准确评估气候变化对当地人口的影响，以及他们适应这种情况的必要性。同时，还将加强流域国家在不同层面规划和实施新的适应战略和政策，这些策略可以基于当地的知识和经验，以及湄公河委员会的研究和评估。还将提高湄公河流域国家与人民对气候变化的认识，这将有助于提升政府当局、工作人员与当地农民等各个层面的能力建设。

（六）东亚减贫合作论坛

近年来，中国开展国内扶贫工作的同时，与东亚国家共享减贫理念和经验，加强与其他发展中国家的减贫合作，致力于实现共同发展。2014年11月13日，东盟与中日韩（10+3）领导人会议上，中国提出

---

① 《欧盟与东盟召开第23届部长级会议》，中华人民共和国驻欧盟使团经济商务处，2020-12-23，http：//eu.mofcom.gov.cn/article/jmxw/202012/20201203025481.shtml。

“东亚减贫合作倡议”，并在柬埔寨、老挝、缅甸三国同时开展东亚减贫示范合作技术援助项目，帮助三国进行道路、供水等基础设施建设，以建立东亚减贫合作示范点，改善当地村民的生产生活等条件。[①] 2016年12月，中国推动实施了“中国—东亚减贫示范合作项目”，是深化四国之间减贫合作交流新的实践。该项目将柬埔寨、老挝、缅甸三国作为第一批重点合作国家，项目瞄准贫困村和贫困人口的实际情况和发展需求，因地制宜与精准帮扶相结合，切实改善其生产生活条件，增强发展活力。[②] 其中，缅甸减贫示范合作项目由中国国际扶贫中心和云南省国际扶贫与发展中心组织实施，项目建成后将能显著改善所在村庄的基础设施条件和公共服务水平，逐步提高农户的自我发展能力，并为缅甸的农村减贫发展提供示范。缅甸作为“东亚减贫合作倡议”的首倡地，减贫合作示范点建设进展顺利。目前，通过重要活动与建立机制化合作平台，如中国东盟社会发展与减贫论坛、“东盟 +3”村官交流项目国际减贫与发展高层论坛等，中国和东盟国家在减贫的经验交流与分享方面取得诸多成果，对提升老挝、柬埔寨、缅甸三国的减贫与发展能力起到了积极作用，对改善民生发展、缩小内部差距具有重要意义。

减贫是中国和东盟国家面临的共同难题和共同任务，也是双方进行务实合作的重要内容。近些年，在东亚减贫合作论坛下，中国与东盟部分国家一系列减贫示范合作项目纷纷落地，柬埔寨、泰国等国在与中国交流减贫实践经验中获益，并探讨了减贫思路与方法的深入拓展，进一步促进双方减贫合作，为东盟部分国家消除贫困与改善民生开拓广阔空间。同时，针对减贫进程中所面临的就业、公共服务等困境，以及人口老龄化、灾害风险和环境问题等阻碍因素，东盟国家根据自身实际情况，对内加强社会保障、促进就业，对外积极开展国际减贫合作，在减贫行动中借鉴成功经验，并积累了具有自身特色的宝贵经验。

---

① 覃志敏：《中国—东盟减贫合作：现实基础、实施机制及发展趋势》，《广西社会科学》2017 年第 3 期。

② 《东亚减贫示范合作项目启动》，《经济》2017 年第 1 期。

印度尼西亚以立法的形式提出，乡村发展范式由集中式发展向参与式发展转变，通过对社区组织赋权，提供专项减贫资金，将乡村打造成社区治理单元，形成较完善的乡村发展制度。① 马来西亚通过制定科学的减贫规划，实现可持续减贫，例如重视教育对减贫的作用，国家财政预算的25%都用于教育，提供免费教育并注重加强对农村人口的教育与培训，为极端贫困人口提供住房和免费“创业包”，为年轻人提供就业培训，为年老、残疾或者缺乏技能而没有工作的贫困户提供社会福利救助，动员私人部门和非政府组织等社会力量参与减贫事业等措施实现减贫。泰国政府对贫困人口持续、全面的帮助是其贫困人群逐年减少的重要因素，在社区发展、社会福利、产业发展等方面进行了有效探索。例如设立了“乡村基金”发展自足经济，授权社区提升自力更生能力，向社会提供公平的教育机会，扩大社会保障覆盖范围，注重发展农业和当地特色手工业，逐步构建起有效的社会安全网。此外，老挝在经济增长中重点关注乡村发展和减贫，专门出台了政策确保社区福祉和发展。柬埔寨推出“四角战略”，通过促进人力资源开发、加快治理改革、确保市场发展与经济多样化，以及坚持可持续和包容性发展等手段来达到减贫的目的。② 新加坡推出“就业入息补助计划”以扶贫携弱，构筑起有保障的减贫的社会安全网。缅甸实行全面改革和对外开放后，注重民生和经济发展，提高教育普及率，为农民提供低利率借款，提升社区应对灾害和减贫能力，并在上万个村庄实施了不同类型的社区发展项目。菲律宾则是村级生态治理发展框架，以环保促减贫是其减贫发展的新思路。

世界经济的显著下行和新冠疫情的双重影响下，全球减贫事业面临严峻挑战，东盟部分国家减贫事业受到阻碍，出现大量因疫致贫，甚至因疫返贫的现象，各国情况很不乐观。而在“一带一路”倡议的持续

---

① 李湘萍：《互学互鉴 同向发力》，《广西日报》2019 年 7 月 5 日第 7 版。

② 《东盟各国在减贫与发展中形成的宝贵经验值得借鉴》，国际在线，2019 - 06 - 27，http：//news. cri. cn/20190627/9171e737 - c4e0 - 4c6c - d749 - 803fbf71d865. html。

推进下，实现了经济大融合、发展大联动、成果大共享，加之中国提供的减贫和发展的有效经验，以及与缅甸、柬埔寨等国减贫合作的加强，有助于解决东盟部分国家发展这一根本性问题，为其恢复性增长和减贫脱贫事业注入新活力与新动力，加快推动周边命运共同体的构建。2021年12月，东亚减贫示范合作技术援助项目总结会召开，参与项目的中国、柬埔寨、老挝、缅甸有关各方，总结并肯定了东亚减贫示范合作技术援助项目，该项目极大改善了项目村的生产生活条件，有效增强了项目村的自我发展能力，为进一步推动“东亚减贫合作倡议”二期项目早日落地打下坚实基础，为实现没有贫困、共同发展的人类命运共同体做出新的贡献。

二　域内减贫合作机制及其成效

（一）东盟一体化倡议

2000年11月，东盟推出《东盟一体化倡议》规定了发展方向，强化了共同努力的重点，以缩小东盟内部乃至东盟与世界其他地区之间的发展差距。[①]《东盟一体化倡议》涵盖基础设施建设、人力资源开发、信息通信技术、区域经济一体化能力建设、能源、投资环境、旅游、减少贫困和改善生活质量等重点领域。为了应对东盟经济共同体面临的挑战，柬埔寨、老挝、缅甸和越南需要制定政策，加强经济增长，提高经济竞争力，增加国内和外国直接投资，扩大私营部门企业，同时满足其公共目标。实现《东盟一体化倡议》的部分行动，包括增强《东盟一体化倡议》作为确定和实施东盟成员国公私部门技术援助和能力建设方案平台的作用，特别是柬埔寨、老挝、缅甸、越南和其他子区域安排，如印度尼西亚—马来西亚—泰国增长三角和文莱、印度尼西亚、马来西亚、菲律宾——东盟内部东部增长区（BIMP - EAGA），让它们在区域生产和分销网络建设中成为平等的合作伙伴；东盟6国继续支持

① “东盟一体化倡议”（IAI），business in asia. com。

《东盟一体化倡议》方案；汇集亚洲开发银行和世界银行等对话伙伴和国际组织足够的支持，以有效实施《东盟一体化倡议》方案；建设加强政府官员制定和实施经济和社会政策的能力，缓解经济一体化影响；定期进行社会经济研究，监测评估经济一体化的影响。

为实现东盟共同体的宏伟愿景，《东盟一体化倡议》决定从食品与农业、贸易便利化、小微企业、教育、卫生与健康五个战略领域来推动目标的实现，尤其是推动 CLMV 国家[①]参与实现东盟一体化倡议的目标。在粮食和农业领域，CLMV 国家的人口主要是农村人口，依赖农业，农村贫困仍然是地方性的。鉴于农业生产率低，提高产量和竞争力的机会很大，东盟致力于通过统一标准和改善该地区的粮食安全来增加农业贸易，而对 CLMV 国家的支持将有助于促进农业贸易量的增加。在贸易便利化领域，简化和统一贸易程序可以大大降低贸易成本，特别是在边境和文件合规通常繁重的 CLMV 国家。东盟经济共同体强烈关注通过各种机制改善贸易便利化，例如，东盟贸易储存库和东盟单一窗口以及 CLMV 国家需要协助才能充分参与。提高 CLMV 国家了解 WTO 规则和流程以及实施 WTO 协议的能力也将支持区域一体化。在小微型企业（MSMEs）方面，中小微企业在所有 CLMV 国家的经济中发挥着关键作用。然而，支持中小微企业的政策环境仍然相对薄弱，有机会改善融资和新市场准入、商业监管和创业教育。推广微型和中小型企业是东盟强有力的优先事项，而 CLMV 国家将需要额外的支持来实施这些措施。在教育领域，发展人力资本是 CLMV 国家面临的主要挑战。随着经济的发展，四国与东盟的技能差距在扩大。虽然获得基础教育的机会有所增加，但 CLMV 国家仍有大量失学儿童，而且教育质量基本未得到解决。在技术和职业教育与培训（TVET）和高等教育方面，东盟正在促进相

① CLMV 国家指的是柬埔寨、老挝、缅甸和越南，这些国家在东南亚地区的区域价值链中具有独特的地位。由于各种贸易协定，CLMV 国家为进入中国、欧盟和其他市场提供了门户。同时，CLMV 四个国家代表着快速增长的经济、消费增加、重要的战略位置和获取丰富的自然资源（石油、天然气、铜、柚木和宝石、生物多样性）和低工资的劳动力。

互承认资格标准，支持英语语言教学也将促进 CLMV 国家更好地融入东盟。在卫生与健康领域，自 2000 年以来 CLMV 国家的健康指标有了显著改善，但与其他成员国相比仍然存在很大差距。东盟越来越多地在孕产妇和儿童健康，以及食品安全等领域寻求区域标准。CLMV 国家需要特别支持才能实施这些标准。在新出现的传染病等领域，综合监测系统的成功取决于在所有会员国建立强大的国家能力。

东盟不仅自身致力于区域国家减贫合作与可持续发展，还邀请或参与域内外国家共同组织的多边会议与机制。2016 年 9 月 18—25 日，由中国国际扶贫中心主办，上海市人民政府合作交流办公室、东盟秘书处及亚洲开发银行等机构共同协办的第四届“东盟 +3（中日韩）减贫交流项目”在上海举行。该交流项目是落实中国李克强总理 2013 年出席东盟与中日韩领导人会议倡议的重要举措，已成为年度机制化国际减贫交流活动。活动旨在通过室内研讨和深入农村、社区实地考察，让东盟国家代表亲身了解中国农村经济社会发展状况，实地感受和分享中国村官在扶贫工作中的有益实践经验，增强东盟国家能力建设，共同推动中国和东盟国家的减贫事业的发展。2020 年 11 月，第 37 届东盟峰会及相关会议以视频形式在河内国际会议中心开幕，这是在新一轮疫情暴发所持续造成的严重影响与各国努力恢复经济仍面临严峻挑战的背景下召开的会议，会议讨论了一系列推动合作应对新冠疫情挑战、促进经济恢复的切实举措，并通过了《东盟全面恢复计划》及其实施方案，这是东盟各国强调其在变幻莫测、充满不确定性的世界里对保持地区密切协作配合与互联互通，有效应对新冠肺炎疫情，巩固东盟核心作用与地位以及为东盟发展指明正确的方向和路径等方面的强有力承诺和高度政治决心。①

（二）大湄合作机制

大湄公河次区域合作机制（GMS），在亚洲开发银行的积极推动下

---

① 《ASEAN 2020：第 37 届东盟峰会及相关会议正式拉开序幕》，2020 - 11 - 12，https：//cn. qdnd. vn/cid - 6123/7183/nid - 578630. html。

于1992年正式建立，基于各参与方经济发展需求，以及对国家与地区安全关注，旨在增进多领域合作，促进次区域经济和社会发展。“亚开行”与GMS合作机制相互支撑，在湄公河地区经济社会发展过程中取得了积极成果。在亚行和其他捐助方的支持下，大湄公河次区域计划支持实施农业、能源、环境、卫生和人力资源开发、信息和通信技术、旅游、运输和贸易等高优先次区域项目。为了促进澜湄次区域城市发展，实现次区域的繁荣、一体化与和谐共生的愿景，GMS计划采取三管齐下的战略（3C）。即通过可持续发展有形基础设施和将运输走廊转变为跨国经济走廊，增加连通性；通过有效促进人员和货物的跨境流动以及市场、生产过程和价值链的整合来提高竞争力；通过解决共同的社会和环境问题的项目和计划，建立更大的社区意识。①

改善民生和消除贫困依然是大湄公河次区域的主要任务。大湄公河次区域经济合作机制成立以来，取得了积极成果，惠及各自国家的经济社会发展和民生改善，为地区稳定和繁荣提供助力。中国在柬埔寨、老挝、缅甸3国6个贫困村，实施了东亚减贫示范合作技术援助项目，帮助改善村内道路、饮水和生产条件，带动民众发展特色种植产业，促进增收脱贫。② 2021年9月9日，大湄公河次区域经济合作第七次领导人会议上通过了《GMS 2030战略框架》，该框架明确指出，成员所有、成员主导及运作良好的机制支持，是大湄公河次区域经济合作的核心优势之一，六国以自身切实需求为基础，大力推动卫生、妇女、减贫、教育等民生领域合作，不断提升民众获得感。③

湄公河地区丰富的人力和自然资源使其成为亚洲经济增长的新前

---

① “Greater Mekong Subregion Secretariat：Overview of the Greater Mekong Subregion Economic Cooperation Program”，https：//greatermekong. org/overview.

② 《第十五届中国—东盟社会发展与减贫论坛聚焦乡村发展与可持续减贫》，国际在线，2021 - 06 - 23，http：//news. cri. cn/2021 - 06 - 23/db7f89e1 - 9fcd - dd26 - 1465 - f2adad0afbf6. html。

③ 荣鹰、马婕：《共创大湄公河次区域合作新局面》，中国经济网，2021 - 09 - 13，http：//views. ce. cn/view/ent/202109/13/t20210913_ 36906344. shtml。

沿，在大湄公河次区域经济合作的推动下，使湄公河地区可能成为世界上增长最快的地区之一。自 1992 年以来，在实施大湄公河次区域项目方面取得了实质性进展。通过该方案直接投入了 200 多亿美元。该区域丰富的自然资源为大湄公河次区域的大多数人提供了收入和生计，他们仍然全部或部分依赖农业。湄公河流域国家正越来越多地从自给农业转向更多样化的经济体，转向更加开放的、以市场为基础的体系。与此趋势并行的是六大 GMS 国家之间日益增长的商业关系，特别是在跨境贸易、投资和劳动力流动方面。包括水电、农业和渔业用水以及木材、石油和矿物在内的自然资源继续为该次区域的增长做出重大贡献。大湄公河次区域包括沿着马来半岛向北扩展到泰国的植物群和动物群，再向前延伸到喜马拉雅山麓，并沿着宽阔的河谷向前发展，就像干燥的落叶林一样，与印度相似。千万年不断变化的海平面留下了丰富的独特生命形式遗产，这些生命形式在柬埔寨、老挝、泰国和越南的山区地带独立发展。

（三）澜湄合作机制

澜湄合作机制于 2014 年提出，2016 年正式启动，是针对以往多边合作存在的问题而成立的一个全新的多边合作机制，减贫为其力推的重要合作内容之一。目前，澜湄合作机制得到了“亚投行”为其提供的重要资金支持，也成了中国推进“一带一路”倡议的重要组成部分。该机制已建立起宽领域、多层次的合作架构，确定了政治安全、经济和可持续发展、社会人文三大支柱，以及互联互通、产能、跨境经济、水资源、农业和减贫五个优先方向。澜湄合作机制在各国积极参与和推动下，已成为次区域内最具活力和影响力的合作机制之一，在合作减贫方面实施了众多互利互惠的合作项目。

澜湄合作将减贫作为五大优先领域之一重点推动。澜湄合作机制成立后，六个成员国在农业减贫领域不断探索，逐步进行农业培训、农业产业扶持等实质性合作。农业作为民生产业，既受益于澜沧江—湄公河水的滋养，又保障了沿线人民的生存发展。农业始终是六国交往的优先领域，在澜湄合作首次领导人会议发布的《三亚宣言》中，农业和减贫合作被确定为“3+5合作框架”中5个优先方向之一。中国与湄公河国家在农业种植、良种培育、农技培训、农产品贸易等领域开展了广泛合作，成果显著而且空间广阔。

共同开展减贫合作示范项目，协力提升湄公河国家减贫能力。2016年3月23日，澜湄合作首次领导人会议就合作机制，以及应对非传统安全挑战、加强人文交流等达成新共识，确定了澜湄机制未来的发展方向。中国在会议上表示，将继续推动落实“东亚减贫合作倡议”，中方将在湄公河国家优先使用2亿美元“南南合作”援助基金，帮助五国落实联合国2030年可持续发展议程所设定的各项目标。2018年1月10日，澜湄合作第二次领导人会议上，李克强总理提出了多项促进次区域农业合作的倡议，各国领导人一致通过了《澜湄合作五年行动规划(2018—2022)》，确认了中方提出的“3+5+X”的合作框架。澜湄各国在农业等领域已实施一系列合作项目，有助于当地农民优化农畜产品品种、加强农产品贸易和提升农业生产技能。2020年8月24日，澜湄合作第三次领导人会议发表了《澜沧江—湄公河合作第三次领导人会议万象宣言》，指出澜湄合作继续坚持项目为本，专项基金支持400多个项目，累计提供4万多人次培训，遍及卫生教育和减贫发展各个领域。①

加强减贫能力建设和充足经济学等减贫经验分享，开展澜湄国家村官交流和培训项目。在减贫领域，澜湄六国一致同意制定“澜湄可持续减贫合作五年计划”，在湄公河国家建立减贫合作示范点，推动澜湄国家减贫能力提升和减贫经验分享。具体做法如下。一是通过人员互访、政策咨询、联合研究、交流培训、信息互通、技术支持等多层次全方位能力建设活动，提升澜湄国家减贫能力。② 二是中国国务院扶贫办牵头成立了澜湄合作减贫工作组，并组织实施减贫试点项目，开展了东

① 李克强：《在澜沧江—湄公河合作第三次领导人会议上的讲话》，《人民日报》2020年8月25日第3版。

② 《澜沧江—湄公河合作五年行动计划》，澜沧江—湄公河合作网，2018-01-11，http://www.lmcchina.org/zywj/t1524906.htm。

盟减贫论坛、减贫研修班、东盟村官交流等多种形式的澜湄减贫合作活动。[①] 三是中国国际扶贫中心每年举办多期减贫发展培训班，招收大量澜湄国家学员。2016 年至今，越、老、柬、缅、泰 5 国共 95 名官员来华参加研修。面向基层村官的"东盟 +3 村官交流项目"已连续举办 7 届。四是不断落实"东亚减贫合作倡议"。目前，东亚减贫示范合作技术援助项目已在缅甸、老挝和柬埔寨 6 个项目村落地，援助主要内容包括改善村内基础设施和公共服务设施，开展产业发展项目和能力建设活动，等等。澜湄合作通过接地气、惠民生、得人心的项目为推进区域发展与繁荣贡献中国智慧和中国方案。

澜湄减贫研讨会的召开对澜湄合作未来发展有重要意义，这也是澜湄周系列活动之一，相信会受到澜湄六国高度关注。澜湄合作最大的特色是项目为本，务实高效。减贫直接关系到六国人民的生活，通过澜湄减贫合作，促进澜湄命运共同体的构建，需要各界携手共同努力。中国扶贫部门积极参与澜湄减贫合作，对于构建澜湄命运共同体、建设更加美好的次区域具有重要意义。

（四）越、老、柬发展三角区

早在 1999 年老挝、越南总理同柬埔寨总理共同倡议，建立柬、老、越三角开发区合作机制，涵盖三国 13 个省份。在老挝的阿速坡、西公与沙拉湾省，柬埔寨的桔井、蒙多基里、上丁与拉达那基里省，越南的达农、嘉莱、多乐和昆嵩省成立"柬老越发展三角区"，发挥当地经济、社会和资源潜能，促进三个国家边界区域发展，将所在地资源、社会与经济潜在能力充分发挥出来，为地区政治安全、稳定、减贫和经济社会发展做出贡献，并促进发展机制与基础设施的进一步提升。越老柬发展三角区属于全方位的高层次合作，包括发展经济社会、扶贫减困、维护三国稳定和安全，合作重点是交通、能源、贸易、投资和培训等领

---

① 《澜湄合作减贫项目惠及柬老缅民众》，中国新闻网，2019 - 03 - 20，http：//www.chinanews. com/gn/2019/03 - 20/8785556. shtml。

域。但是，三角区仍面临许多棘手问题，如三个国家在教育、卫生、基础设施和水电等领域存在发展不平衡现象。此外，当地也面临毒品和军火走私、拐卖妇孺、跨境犯罪和恐怖主义活动等威胁。三国领导人针对多项问题寻求解决方案，确保边界地区维持和平与稳定局势，从而推动三国发展。三国也计划寻求发展伙伴支持和援助优先项目，改善“三角区”基础设施，加快当地发展速度，从而提升当地人民生活水平。[①]

促进扶贫减贫，推动经济社会发展，是柬老越发展三角区的主要目标。柬老越三角开发区合作在基层建设、推动边境地区经济发展、人力资源培训、民间交流等领域积极作用突出。在这一过程中，越柬、越老双边合作关系日益走向深入。同时，柬老缅越发展区峰会是湄公河次区域内重要合作机制和多边论坛之一。2002 年第二届柬老越三角开发区峰会上，三国一致同意在交通运输、贸易、电力、旅游、人力资源培训和医疗等领域加强合作。2004 年柬老越三角开发区峰会举行，共同签署有关三角开发区建设的《金边宣言》，并通过《柬老越三角开发区经济社会总体规划》，旨在推进各领域合作并落在实处。同年 11 月，柬老缅越合作与发展峰会（CLMV）第一届会议上，签署了关于加强四国经济合作和一体化的《万象宣言》，呼吁各国和国际组织加大对其支持力度，并提出了推动次区域发展的优先合作领域。第二届合作与发展峰会通过了四国行动计划，并同泰国配合研究将柬老缅越合作机制与伊洛瓦底江—湄南河—湄公河经济合作战略（ACMECS）实现对接的可能性。2014 年第八届柬老越三角开发区峰会中，对越南提出关于促进区域互联互通，继续加强交通基础设施等领域合作予以赞同，表示进一步扩大三角开发区合作范围。2015 年 6 月，第七届柬老缅越峰会在内比都举行，与会国家一致同意加强各国贸易投资合作，配合制定有关贸易便利化与双边、多边协议等，携手推动本地区经济社会和文化事业的发展。

① 《柬越老三国友好 · 共同发展三角区》，《柬埔寨星洲日报》，2018 - 09 - 15，http://www.52hrtt.com/webservicepage_getInformationPage.do?id=G1536737011387&areaId=27&languageId=1&flag=1。

会议讨论通过了 11 项行动纲领。经过近两年的谈判，柬老越发展三角区经贸合作协定在三国总理的见证下于 2016 年 11 月 23 日第九届柬老越发展三角区峰会完成签署，协定提出了柬老越发展三角区内两国各贫困省份的特殊机制，为三国边贸与投资促进活动提供便利，充分发挥各地方的潜力与优势，面向推进三角区经济社会发展。① 这次峰会强调了三国合作关系深入，实现三角地区可持续和包容性发展的良好机会，表达了与其他东盟国家一起实现《2025 年东盟共同体愿景》的决心，一致同意加强软硬基础设施的互联互通和人员交流。2018 年第九届“柬老缅越”（CLMV）领导人峰会通过了一份寻求本地区优先投资的 15 个项目清单，将继续为促进“柬老缅越”领导人合作机制更有效地发挥作用而共同努力，以推动四国以及东南亚地区经济的稳定增长。②

经过多年发展，越老柬发展三角区的基础设施体系逐步形成，交通干线得到了升级改造。尤其是水电、采矿、经济作物产品种植和加工等领域。专家认为，三国在提出有关促进地区经贸投资发展的政策和机制方面取得了一定进展。目前，越南在发展三角区柬埔寨境内的投资项目共 49 个，协议资金总额达到 16.3 亿美元，老挝境内投资项目 67 个，协议资金总额 19.7 亿美元，而地处发展三角区的越南 5 个省市则吸引了来自 20 个国家和地区投资总额达到 23 亿美元的 233 个项目。③ 2019 年 3 月 7 日至 10 日柬埔寨—老挝—越南（CLV）发展三角区协调委员会第十二次会议框架的高级官员会议在柬埔寨桔井省举行。三位部长同意指定越南负责制定相关的行动计划，旨在有效落实于 2016 年 11 月 3 日在柬埔寨暹粒签署的《柬老越发展三角区贸易促进和便利化协定》，

① 《为柬老越发展三角区经贸合作创造便利条件》，2017 - 12 - 16，https://cn.qdnd.vn/cid-6158/7234/nid-545448.html。

② 《“柬老缅越”四国领导人峰会聚焦一体化》，人民网，2018 - 06 - 17，http://world.people.com.cn/n1/2018/0617/c1002-30063667.html。

③ 《JCC CLV DTA 会议框架下的高级官员会议在柬埔寨开幕》，越南人民报网，2019 - 03 - 09，https://cn.nhandan.com.vn/international/item/6836701-jcc-clv-dta 会议框架下的高级官员会议在柬埔寨开幕.html。

同时制定相关的计划和具体的项目，旨在有效落实《2030 年柬老越经济对接行动计划》。三位部长共同强调了加强三国在维护边境地区安全，妥善解决尤其是非法出入境、贩卖人口、贩卖毒品等安全问题，提高“热线电话”效果的必要性。并再次重申了对《柬老越发展三角区经济社会发展总体规划（2010—2020）》进行核查和评估，从而深入分析新形势下该地区的发展现状、机遇、挑战和需求等问题的重要性。会议还指定老挝于 2019 年底承办柬老越发展三角区第十一次领导人会议。

（五）中国—东盟减贫合作论坛

东盟作为重要的政府间区域合作组织，不仅是东南亚国家政治经济安全合作的重要平台，也是区域国家实现共同繁荣的重要载体。东盟的发展一直以来备受域内外大国的关注，由中国国务院扶贫办和东盟国家代表举办的“中国—东盟社会发展与减贫论坛”，是为实现区域可持续发展、消除贫困的重要合作形式，并把减贫作为增强中国与东盟国家交流合作的一个特殊平台。经过十余年的发展，该论坛已形成机制，逐渐成为讨论共同关切的一个极具影响力的平台。减贫合作有望成为中国与东盟合作的重要领域，并可成为中国与东盟战略关系的重要支柱——不仅能缓解双方的政治疑虑，还将对双方之间的安全摩擦起到积极的缓释作用。①

近年来，中国和东盟在减贫合作方面取得了丰硕成果。2018 年 2 月启动的中国援助缅甸减贫示范合作项目，为埃羌达和敏彬两个示范村建设了道路、供水系统、饮水工程、社区发展中心、学校教学楼等民生工程“硬设施”，开展了种植养殖培训、社区环境治理等经验分享“软合作”，② 帮助两个村 1400 余户家庭、7800 余人摆脱贫困。中国提供 1 亿元人民币在缅甸、老挝、柬埔寨等国开展乡村减贫推进计划，建立东

① 张春：《东盟落实联合国 2030 年可持续发展议程减贫目标分析》，《东南亚纵横》2018 年第 4 期。

② 《中国援缅甸减贫示范合作项目移交》，人民网，2021 - 12 - 31，http：//world. people. com. cn/n1/2021/1231/c1002 - 32321500. html。

亚减贫合作示范点，为推动国际减贫合作提供示范。[①] 第 13 届中国—东盟社会发展与减贫论坛于 2019 年 6 月 26 日至 28 日举行，来自中国和东盟十国的政府官员、专家学者，东盟秘书处、亚洲开发银行等国际机构的代表与会，就“面向联合国可持续发展目标的中国—东盟减贫合作”主题开展广泛交流和探讨，各国代表就跨境电商、区域互联互通、产业转移等议题进行深入研讨，分享东盟国家与中国富有成效的扶贫方式和方法，推介成功案例。[②]

中国在帮助柬埔寨可持续发展和减贫的过程中，云南做了大量实实在在的工作，取得了一系列实质性成果。云南省与暹粒省 2003 年开始友好交往，2006 年就正式缔结了友好省关系，已达成在农业、旅游、文化、教育、经贸等领域的合作共识，有力推动了柬埔寨农村基础设施的改善与社会经济的发展进步。2019 年 5 月 6 日下午，由中国国际扶贫中心主办，中国南南农业合作学院承办，东盟秘书处与中国—亚行区域知识共享中心共同支持的第八届“东盟 +3 村官交流项目”在云南西双版纳州河边村开幕。来自 10 个东盟国家和中国、韩国的相关政府官员、基层村官、专家学者，以及东盟秘书处和中国—东盟中心等国际组织代表近 90 人参加了开幕式。除会议讨论外，与会代表将学习河边村深度贫困治理的有效做法，体验瑶族文化，赴曼里村实地考察并与村民互动，并前往中国科学院西双版纳热带植物园了解中国热带植物保护及发展状况。[③]

解决饥饿问题是减轻贫困、实现可持续发展的重要步骤。东南亚国家的自然地理环境决定了其对于水稻的天然选择。早在 20 世纪 90 年代初，联合国粮农组织便将推广杂交水稻列为解决发展中国家粮食短缺问

---

① 《中国—东盟合作共促地区发展与繁荣》，人民网，2018 - 09 - 28，http：//world. people. com. cn/n1/2018/0928/c1002 - 30317556. html。

② 《中国—东盟社会发展与减贫论坛聚焦可持续发展目标》，中新网，2019 - 06 - 26，https：//www. chinanews. com. cn/gn/2019/06 - 26/8875635. shtml。

③ 中国国际扶贫中心：《第八届“东盟 +3 村官交流项目”在云南西双版纳开幕》，2019 - 05 - 06，http：//www. iprcc. org. cn/Home/Index/skip/cid/5412. html。

题的首选战略措施。同时，越南也于20世纪90年代初，在北部地区试种来自中国的杂交水稻。产量高、抗病强的卓越性能，让越南当地种植户尝到了杂交水稻的甜头，越南农业部门也鼓励有条件的地方进一步推广种植杂交水稻。“杂交水稻之父”袁隆平及其团队，根据东南亚国家土壤环境、气候条件与水文条件，研发出了与之相适应的不同品种杂交水稻。如今，在菲律宾、印度尼西亚、越南等东南亚国家，都能看见大面积种植的中国杂交水稻。这些来自中国的“神奇水稻”不仅通过提高粮食产量解决东南亚民众的“吃饭问题”，还将增加当地民众的收入，减轻发展的压力，厚植中国与东南亚国家的美好情谊。

消除贫困是中国与东盟国家共同的奋斗目标，始终将减贫合作落在实处。中国与东盟国家通过社会发展与减贫论坛、示范合作项目、经验分享与培训、智库交流等机制与形式，在深入交流、互学互鉴、务实合作中，不断深化合作路径与提高建设能力，合作内容逐渐拓展至产业扶贫、贫困监测评估等诸多领域。同时，将充分发挥中国国际扶贫中心等专业减贫机构平台作用，宣传中国减贫政策与实践经验，进一步巩固和拓展同东盟国家的交流合作基础，为更有效地促进双方民心相通，构建中国—东盟命运共同体做出新的更大贡献。

第二节　澜湄地区现有国际减贫合作的主要实施路径

《联合国2030年可持续发展议程》中提到，消除一切形式和表现的贫困，包括消除极端贫困，是世界最大的挑战，也是实现可持续发展必不可少的要求。在2000年联合国千年首脑会议上，联合国成员国宣布将“到2015年将全球营养不良人口减半以减少贫困”作为千年发展目标之一，并呼吁国际社会予以关注。联合国计划在2015年以前将占世界人口四分之一、每天消费不足1美元的绝对贫困人口减少到目前的一半以下。为实现千年发展目标，联合国于2000年制定了千年发展目标，鼓励官方发展和援助私营部门参与发展中国家的扶贫攻坚。然而，在众多国际扶贫攻坚项目中，湄公河地区当前的减贫形式仍难以完全依靠自身力量实现脱贫。而且，尽管发达国家提供了诸多官方援助，但仍然存在许多问题。[①] 目前来看，缺乏技术、资金和人力资源是东南亚国家实现脱贫的最大障碍。针对这些问题，下文将分别从产业合作、人力资源开发、金融援助、基础设施援建四个方面分析澜湄地区现有的国际减贫合作的主要实施路径，以期能为澜湄地区的国际减贫事业提供一定的启示。

一　国际减贫与产业合作

（一）中国

在农业合作上，中国积极与东盟国家，尤其是湄公河流域的国家开展农业技术与经验的交流，通过共建优良作物品种示范站、优质高产示范田，共建高水平的农业合作中心，共同提升双方农业发展水平，提高农村生产力，大大缓解了双方农村地区的贫困。在亚行的推动下，2007年，在首届 GMS 农业部长会议上，“大湄公河次区域农业信息网”正式开通。2008 年，GMS 各国成立了“大湄公河次区域农业科技交流合作组”。两个项目致力于推动 GMS 国家农业部门的人员和信息交流，扩大农业合作领域，深化合作内容，促进次区域的农业、农村经济以及经贸活动的发展，进而达到减贫的目的，对于次区域各国农业信息交流与共享，加强次区域的跨境农业科技交流与合作发挥了重要作用。针对次区域禽流感等动物疫情影响严重的问题，次区域六国在亚洲区域合作资金和“中国—东盟合作基金”的帮助下，举办“动物健康与疫病防控研修班”，并建立了多个动物疫病防疫监测站，提高了 GMS 国家动物疫病防控的水平，推进了次区域疫情的快速准确预报，有效减少了次区

---

① Jeon, Un - Seong, “ODA and International Coopertion for Poverty Reduction in The Great Mekong Subregion - Focused on the case in Laos”, *Korean Journal of Agricultural History*, Vol. 6, No. 1, 2007, pp. 49 - 95.

域禽流感等动物疫情的传播。

（二）OECD 国家

在减贫的产业选择上，OECD 的发达国家更倾向于医疗卫生、环境保护、教育等非传统产业，且其援助常与人权、政治改革、经济改革、环境等政治条件相关。

美国在 2009 年同湄公河下游国家达成了《湄公河下游倡议》，旨在促进和柬埔寨、老挝、泰国和越南之间在卫生、环境、教育和基础设施方面的产业合作。日本扶贫基金主要侧重于流向医疗卫生和农业、资源领域。以 2004—2014 年的项目拨款流向为例，日本基金投入医疗卫生及社会保障项目为 13 个，农业和自然资源项目 9 个，多领域项目 6 个，教育和金融领域项目 5 个，其余领域项目各 1 个。

2014 年欧盟新一期（2014—2020 年）研发创新框架计划“地平线 2020”将澜湄五国纳入欧盟国际科技创新合作伙伴国。在教育方面，欧盟加大奖学金援助力度，2011 年 5 月，欧盟在高等教育和科学技术两个领域对泰国进行援助，并在同年建立欧盟—东盟区域对话机制基金，提供 400 万欧元的援助，鼓励双方的人才交换。

二 国际减贫与人力资源开发

教育水平落后使大部分湄公河国家无法发挥人力资源优势。人力资本是打破贫困陷阱的重要资源，因而加强人才与技术层面的交流合作对于湄公河流域的扶贫开发十分重要。

（一）中国

教育是改善贫困、消除贫困的重要举措，中国对湄公河国家开展了大量的教育援助与合作项目。针对东盟国家，中国启动了大量的留学生交流访学项目，双方互派留学生。据统计，2015 年赴东盟国家留学的中国留学生就达 12.4 万人，相应地，在华学习的东盟留学生人数亦达 7.1 万人，预计 2020 年双边互派留学生规模将扩大至 10 万人，越来越多的有志青年将参与到中国—东盟地区合作与建设中，成为双方友好睦邻的薪火相传者。[①]

截至2014年底，中国—东盟职业教育网络的建设已经涵盖双方390所合作学校，签署了302个协议，该职业教育网络还向参加职业培训的东盟学生提供180份奖学金，向东盟学校提供了价值200万元人民币的培训设备和体育设施。当前职业教育合作正在成为促进我国和东盟经济社会发展的重要力量。[②]

除了政府层面，相关政府部门以及民间团体也加入了中国与东盟之间的教育交流与培训合作。近年来，中国政府的相关扶贫部门开展了针对个别东盟国家的减贫交流培训，将中国减贫经验与相关国家共同分享，帮助这些国家的扶贫工作者提升贫困治理能力。如中国国际扶贫中心分别于2013年9月、2014年12月、2015年9月三次专门对老挝举办农村发展与减贫官员国别培训班。[③] 2021年中国国际扶贫中心又派员参加第13届东盟+3农村发展与持续减贫高管会，6月第15届中国—东盟社会发展与减贫论坛成功举办，推动了中国减贫经验的外溢和拓展。

（二）经济合作与发展组织（OECD）

作为经济合作与发展组织（OECD）发展援助委员会的主要成员，欧洲国家也积极参与湄公河区域开发援助项目。欧洲国家不仅有各自的开发合作战略，还通过欧盟制定统一的开发合作战略，向湄公河国家提供政府开发援助，使欧盟对其的援助与湄公河各国的开发战略产生协同效应，获得开发援助效益的最大化。一方面，欧洲国家根据湄公河国家的不同发展状况及其国内的现实需求，制定更加符合实际情况的发展援助战略。欧盟根据湄公河各国制定的开发计划，完成各国的《2007—

① 王志章、郝立：《中国与东盟反贫困合作路径研究》，《广西社会科学》2017年第1期。

② 王志章、郝立：《中国与东盟反贫困合作路径研究》，《广西社会科学》2017年第1期。

③ 覃志敏：《中国—东盟减贫合作：现实基础、实施机制及发展趋势》，《广西社会科学》2017年第3期。

2013 年开发合作战略报告书》，更加充分满足受惠国的实际需求，进一步提高开发合作项目的效率。欧洲国家与湄公河国家合作的重要领域主要集中在包括减少贫困、教育和卫生、水资源保护及绿色发展等。另一方面，欧洲国家通过参与世界银行等国际机构或湄公河委员会等区域合作机构主导的脱贫和可持续发展项目援助开发合作基金。[①] 2007 年欧盟出台《欧盟—东盟：加强自然伙伴关系的纽伦堡宣言》，除了传统的政治安全和经济合作领域，在能源、环境和社会文化交流等方面也开展合作，在人才培养、文化和自然资源的可持续发展、传染病预防继续加强合作，并且鼓励人才的交流和社会组织的对话，深化社会文化领域的合作。此外，教育一直是欧盟—东盟关系的核心。自 2011 年欧盟—东盟区域对话机制基金成立以来，欧盟不断向东盟学生提供奖学金，鼓励双方人才交换。2021 年欧盟、东盟展开了第 12 次共享政策对话，欧盟支持东盟地区高等教育方案于 7 月 27 日至 7 月 19 日举行，活动主题为“创造一个有弹性和可持续的东盟高等教育空间”，为与东盟高等教育部门的主要利益攸关方进行接触提供了宝贵的机会。[②]

三　国际减贫与金融援助

技术和资金的缺乏严重制约了湄公河国家的农业发展，导致农业产量低下，这也是造成其贫困的重要因素。

（一）中国

在亚洲开发银行下设立的中国减贫与区域合作基金是中国与东盟减贫国际合作的主要资金平台之一。该基金于 2005 年成立，由中国出资，中国与亚洲开发银行共同推进，其宗旨是支持亚洲开发银行在亚太地区发展中国家的减贫、区域合作和知识共享。其后，中国先后出资 4000 万美元用于支持发展中国家的减贫与发展。

① 李永春：《试析韩国的湄公河开发战略》，《东南亚研究》2013 年第 6 期。

② 印度尼西亚研究：《第 12 次共享政策对话：东盟、欧盟继续支持该地区高等教育国际化》，2021 - 07 - 20，http：//cistudy. ccnu. edu. cn/info/1126/13535. htm。

此外，中国还通过“亚洲减债计划”和无偿援助等方式直接支持东盟部分国家。2002—2010 年，中国先后多次做出免除柬埔寨所有到期债务、免除老挝到期无息贷款债务、免除缅甸到期无息贷款债务等决定。中国的减债行动减轻了大湄公河次区域经济落后国家的债务负担。[①] “一带一路”建设的优先领域之一是基础设施互联互通。2015 年建成的亚洲基础设施投资银行和丝路基金，为支持澜湄地区产能与基建合作，设立相应的优惠贷款以及信贷额度，成为双方合作减贫的又一主要资金平台。[②] 今后，如果中国在亚投行和丝路基金中设立减贫优先项目，使相关资金使用向减贫相关项目倾斜，则有助于解决东盟部分国家基础设施建设资金匮乏的问题，为东盟部分贫困国家的发展带来福音。[③]

2020 年突如其来的新冠肺炎疫情给东盟国家的经济与社会发展造成严重影响和挑战。2020 年 7 月中国—东盟思想库网络（NACT）“新冠肺炎疫情下的中国—东盟减贫合作”工作组视频会议召开。在新冠肺炎疫情期间中国与东盟国家守望相助，密切配合，为国际抗疫合作树立了典范，展现出中国—东盟命运共同体的旺盛生命力。在会上，中国国际扶贫中心提出了“电商扶贫”，希望为中国—东盟命运共同体建设提供有力的智力支撑。[④]

（二）OECD 国家

由于美国经济实力较强，因此在澜湄地区的对外援助金额最多。奥巴马执政时期，美国曾与越、老、柬、泰四国外长共同提出“湄公河倡议”，并且从 2009 年开始专门从预算中拨款 1.61 亿美元用于湄公河国家的减贫项目。日本对湄公河国家的金融援助经历了一个“由低到

---

① 鞠海龙、邵先成：《中国—东盟减贫合作：特点及深化路径》，《国际问题研究》2015 年第 4 期。

② 王志章、郝立：《中国与东盟反贫困合作路径研究》，《广西社会科学》2017 年第 1 期。

③ 鞠海龙、邵先成：《中国—东盟减贫合作：特点及深化路径》，《国际问题研究》2015 年第 4 期。

④ 《电商扶贫，中国东盟减贫合作的新亮点》，中国日报网，2020 - 07 - 10，http://cnews.chinadaily.com.cn/a/202007/10/WS5f07debfa310a859d09d7208.html。

高”再“由高到低”的金字塔形过程。近年来，由于日本将重心更多放至南亚，因此对澜湄地区援助力度有所减弱。但是，日本作为亚洲开发银行最大的出资国，仍然可以最大限度地利用亚洲开发银行的日本特别基金参与湄公河流域国家的扶贫开发，将经济合作旗舰项目作为日本援助湄公河国家的重心。相对于美、日，韩国对澜湄流域地区的减贫援助相对较少，其在2009年才正式加入OECD组织，并在2011年完全由受援国变为援助国。

（三）国际多边组织

世界银行是全球最大的多边开发机构，下设5个成员组织，包括国际复兴开发银行（IBRD）、国际开发协会（IDA）、国际金融公司（IFC）、多边投资担保机构（MIGA）和解决投资争端国际中心（ICSID），工作宗旨为通过担保或供给会员国长期贷款，推动会员国资源的开发和国民经济的发展，促进国际贸易的长期均衡增长和维持国际收支平衡，在“一代人时间内终结极度贫困、促进共享繁荣”，最终实现“没有贫困的世界”。世界银行的全部工作围绕两大目标展开：一是可持续性的消除极端贫困，在2030年以前将全球极端贫困人口降到3%；二是促进共享繁荣，提高各国收入最低40%人口的收入。2015—2016年，世界银行在亚太地区批准了57个项目，共计63亿美元，其中IBRD贷款45亿美元，IDA承诺资金18亿美元，承诺向越南和缅甸分别借款7.84亿美元和7亿美元。2017年世界银行又向越南提供1.53亿美元贷款，协助越南实施扶贫计划。①

在1992—2011年间亚洲开发银行总投资达到140.56亿美元，其中越南、老挝、柬埔寨和中国承担了81个项目的建设。截至2013年，大湄公河次区域计划投资项目已动员166亿美元投资和3.3080亿美元技术援助，其中亚洲开发银行支持60亿美元的投资和1.1510亿美元的技

① 《世行向越南提供1.53亿美元贷款 协助越南实施扶贫计划》，《越南画报》，2017-06-30，https：//vietnam.vnanet.vn/chinese.html。

术援助。2018 年亚洲开发银行在东盟共投资 176 亿美元，越南占该银行区域业务的近 40%，其次是印度尼西亚（22%）和菲律宾（19%），东盟作为贸易和投资目的地的地位日益提升。①

四 国际减贫与基础设施援建

从发展的角度考察，基础设施落后是造成湄公河国家贫困状况的一个主要原因。湄公河国家中，柬埔寨、缅甸、老挝是最需要国际减贫援助的国家。柬埔寨由于多年战乱及政府财政匮乏，其农田水利等基础设施落后，农业仍处于粗放式、广种薄收的落后局面；老挝农业基础设施不完善，缺乏必要的农业发展资本，农业易受自然灾害影响，单位面积的农产品产量在东南亚国家中最低；缅甸农业基础设施发展滞缓，而且缺乏完善的农作物繁育和推广体系。②

从湄公河国家减贫合作的各行为体看，中国同 OECD 国家在参与澜湄减贫合作上存在诸多不同。其中，中国更为重视以政府间项目为本的大型基础设施建设，OECD 国家则侧重医疗卫生、环境保护、水资源管理、教育等方面。

（一）中国

中国与湄公河国家传统的减贫合作方式主要集中在有关农业、基础设施建设的项目，但是以政府基建工程为主。例如老挝的宏崒火电站、柬埔寨政府大楼、缅甸国际会议中心、印度尼西亚的雅万高铁等。③ 在柬埔寨，中国提供贷款建设的 3 号坝和 5 号坝基本完工，可以为柬埔寨农业发展提供充足的灌溉水源；中国贷款援助建设的“上丁省湄公河柬中友谊大桥”和连接上丁省和柏威夏省的 9 号公路正式通车。对外援

① 《亚洲开发银行加强对东盟援助 意在推动东盟地区发展》，《财经时报》，2019 - 05，https：//www. businesstimeschina. com. cn/amp - articles - 212118 - 20190505 - w1125e1083t9394. html？ article_ id = 212118&date = 20190505&keyword = w1125e1083t9394。

② 鞠海龙、邵先成：《中国—东盟减贫合作：特点及深化路径》，《国际问题研究》2015 年第 4 期。

③ 刘猛：《减贫合作与中国—东盟命运共同体的构建》，《攀登》2017 年第 4 期。

助方面，提供1.6753亿美元的优惠贷款兴建高压输电网项目，1600万美元的援助用于建设和尚医院的现代化医疗大楼和培训中心，10亿元人民币的无偿援助用于冬运会的场馆建设，并且向柬埔寨外交与合作部捐赠价值80万元人民币的办公设备。在缅甸，中国与其在基础设施投资建设合作一度非常紧密，由于莱比塘铜矿和密松水电站等因素的影响，中缅在扶贫开发和基础设施投资合作受挫。随着缅甸国内局势逐渐稳定，中缅在扶贫开发和基础设施投资建设方面仍然可以进一步发展。泰国方面，中泰铁路建设取得较大的进展，清惹克依调动中心启动建设，成为“一带一路”倡议基础设施建设的先行项目。除了具体的基础设施项目，中国还积极加强同湄公河国家的发展战略对接。在2014—2015财年，中国向老挝提供15.1亿元的援助，其中无偿援助额7亿元，用于老挝的基础设施建设。2019年10月23日，中国驻老挝使馆经商参赞王其辉与老挝老中合作委员会办公厅主任赛萨那·西提蓬在万象签署了《中国政府援老挝农村扶贫设施建设项目实施纪要》。该项目是援老八大工程项下启动的第一批试点项目，主要建设内容为在老挝境内选择约30个村修建供水系统、设立医疗卫生点、通电照明、安装数字电视等。项目建成后将显著提升老挝农村地区百姓的生活水平。

（二）OECD国家

总体而言，OECD国家与澜湄国家的减贫合作主要集中于环保、教育、科技等领域，而基础设施援助较少。

日本对澜湄国家的援助是以其“价值观外交”为背景的，援助领域便主要集中在环境保护、人道主义援助、社会开发以及人才培养等方面。但是也会夹杂一定基础设施援助。如日本在2003年同东盟十国领导人发表《东京宣言》《日本—东盟行动计划》《湄公河地区开发的新观点》，并且承诺3年内提供15亿美元用于湄公河的基础设施建设。同日本一样，美国对澜湄国家的援助也主要集中在环保、健康和教育合作等非基建项目。韩国对澜湄国家的援助同样主要集中于教育、卫生、通信等领域，且项目主要通过企业和非政府组织实施。

（三）国际多边组织

从2006年到2014年，越南利用世界银行提供的7.84亿美元贷款，实施十年城市升级项目。2015—2016年，世界银行在亚太地区批准了57个项目，共计63亿美元，其中IBRD贷款45亿美元，IDA承诺资金18亿美元，承诺向越南和缅甸分别借款7.84亿美元和7亿美元。通过这些贷款，越南实施十年城市升级项目，改善了750万人的生活，从2006年到2014年，越南北部和中部超过3200千米的农村公路修通，生活在公路2千米以内的人口比例从76%提高到87%。而缅甸利用世界银行的贷款实施农业、水利、交通和灾害风险管理的1亿美元项目使得数百万依靠伊利瓦底江生存的人民生活得到改善。

亚洲开发银行对于基础设施的投资进展缓慢，且澜湄国家在亚行中的话语权较小，处于被动受援的地位，对扶贫援助的效果产生了不利影响。亚洲开发银行主要通过发展援助来帮助亚太地区的发展中国家消除贫困，促进经济社会发展，实现"没有贫困的亚太地区"的目标，通过提供贷款、股本投资、联合融资担保、技术援助等方式支持湄公河流域国家在能源、教育卫生、环境保护等领域的基础设施建设。

第三节　澜湄地区国际减贫合作机制的比较及启示

一　澜湄地区现有国际减贫合作机制的成效比较及启示

（一）澜湄地区现有国际减贫合作机制的成效比较

澜湄地区的国家减贫合作机制众多，为次区域深化合作以及经济发展与社会稳定做出了巨大的贡献。

一是产能合作。2016年3月23日，为了推进澜湄六国间的产能合作，澜湄合作机制首次领导人会议通过了《澜湄国家产能合作联合声明》，呼吁六国在基础设施、工程机械、电力、建材、通信等领域发挥比较优势，积极开展合作。中国投资建设的越南龙江工业园、老挝赛色塔工业开发区、泰国罗勇工业园、柬埔寨西哈努克港经济特区等是澜湄跨境经济和产能合作的示范项目，正在加紧推进。为推进在澜湄框架下的产能合作，2017 年 9 月 14 日澜沧江—湄公河国家产能合作联合工作组在广西举行了第二次会议，会议重点讨论了工作组《概念文件》和下一步工作规划。会前，中国和越南还专门举办了中越产能合作项目推介会。

二是电力领域。中国云南与越南、老挝和缅甸在电力互联互通方面进展突出，“云电外送”已经成为大湄公河次区域经济合作的标志性成果。从 2004 年开始，云南开始以 110 千伏的线路从河口向越南老街送电，截至 2013 年底，已经发展了 4 个通道 6 条线路。2013 年，越南从云南输入电力 31.92 亿千瓦时，同比增长 21.2%。截至 2013 年底，云南向越南送电量累计达 272.2 亿千瓦时，销售额达到 14.4 亿美元。自 2001 年起，云南电网先后通过 10 千伏、35 千伏线路对老挝北部进行供电，近几年对老挝送电量呈现高速增长的态势。2013 年对老挝送电量达到 2.04 亿千瓦时，与 2012 年相比增长了 97%。截至 2013 年底，云南对老挝送电量累计达到 4.73 亿千瓦时，销售额达到 3048 万美元。此外，2013 年云南还从缅甸回送电量 18.85 亿千瓦时。其中，向缅甸瑞丽江水电站购电 11.2 亿千瓦时，向缅甸太平江水电站购电 7.65 亿千瓦时。截至 2013 年底，两个电站累计回送电量 95.4 亿千瓦时。为了推进次区域内的电力合作，2013 年 12 月澜湄国家成立了 GMS 购电中心，签署了《政府间谅解备忘录》。购电协调中心的主要职责是为次区域内的购电合作进行中央协调与规定编制，同时充当中央支持和监控各成员国电力供应系统的重要角色。除了起到协调的作用外，还将加强大湄公河次区域数据库在能源管理方面的合作，有利于增强澜湄国家间对能源稳定性和可靠性的信心。2014 年到 2016 年，中国继续与越南、老挝、缅甸和泰国在电力合作方面开展全方位的合作。南方电网与周边国家电力公司在 2014 年创立了周边国家电力企业高层沟通联络机制，各国电力企业定期轮流主办高峰会，协调推进各国之间电力合作事宜。此外，中国南方电网继续和越南、老挝和缅甸开展电力合作。截至 2017 年 4 月底，南方电网实现连续 13 年对越南安全供电，对越累计送电量达 335 亿千瓦时，最大输送电力 107 万千瓦。2017 年 2 月 19 日，中国电力建设集团有限公司承建的越南中宋水电站首台机组正式投产发电。由中国南方电网公司投资建设的越南永新燃煤电厂进展顺利，并已经于 2018 年 4 月 18 日成功并网进入运营期。越南永新燃煤电厂采用 BOT 模式投资运营，是中越经贸合作 5 年发展规划的重点产能合作项目。

三是油气资源领域。2013 年中缅油气管道建设取得重大进展。2013 年 5 月，中缅天然气管道完工并具备投产条件。2013 年 7 月中缅天然气管道正式运营，中国开始向缅甸进口天然气。中缅天然气管道项目管线设计输送量 120 亿立方米/年。同时，与天然气管道平行的中缅石油管道的铺设工作也接近尾声，于 2014 年正式投产。2014 年，中缅石油管道的建设顺利推进，2015 年 1 月 30 日，中缅石油管道正式贯通运营。此外，2014 年 11 月 14 日，中国和缅甸签署了《关于扩展中缅油气领域合作的谅解备忘录》，推动双方能源合作迈上新台阶。从 20 世纪 90 年代开始，中国和泰国就开展了油气资源领域的合作。中石油公司自那时起就一直和泰国合作开采泰国境内和缅甸境内的油气资源。中石油海洋工程股份有限公司 2014 年 10 月 13 日发布报告称，其与泰国国家石油公司正式签订缅甸 Zawtika Phase 1B 项目 EPCI（设计、采购、建造和安装）总包合同，合同金额 3.67 亿美元，是其目前最大的海外 EPCI 总包合同。2017 年 4 月，中缅原油管道开始正式运营，成为中缅在“一带一路”框架下合作的标志性工程。截至 2020 年 5 月 25 日，中缅油气管道项目累计向中国输送原油 3000 万吨、天然气约 265 亿立方米，并向缅甸分输天然气 46 亿立方米。

四是新能源合作。新能源合作日趋得到澜湄各国的重视。澜湄国家在水能、太阳能、风能、生物质能方面具有非常大的开发潜力。2013 年 9 月，缅甸电力部与泰国 Gunkul 工程公司和中国三峡集团签署了关于风力发电项目的谅解备忘录。泰国和中国公司将用一年左右时间就缅甸的商业风电开发进行可行性研究。其中，Gunkul 公司计划在孟邦、克伦邦、德林达依省和掸邦的 7 个地点建设风电机组，预计装机容量 2930 兆瓦。三峡集团计划在钦邦、若开邦、伊洛瓦底省和仰光省选址建设风力发电机组，发电目标为 1102 兆瓦。2014 年 9 月 19 日，中国国际工程有限公司与老挝能矿部签署了 5MW 太阳能示范项目谅解备忘录。2014 年 12 月，昆明电研新能源科技开发有限公司与老挝可再生能源和新材料技术研究所签订《中国（云南）—老挝生物质能技术转移示范合作谅解备忘录》。2014 年 9 月，缅甸可再生能源协会先后与广西神达新能源有限公司、广西科学院应用物理研究所、南宁市三华太阳能科技有限公司、广西吉宽太阳能设备有限公司、广西超星太阳能科技有限公司 5 家单位签订意向合作协议，表示愿意推动中缅新能源合作。2017 年 10 月，华西能源工业股份有限公司（下称“华西能源”）与老挝 Phogsubthavy 集团就在老挝丰沙湾建设 1 ×220MW 洁净高效电厂项目签订了 EPC 合同。2018 年 1 月 25 日，中国公司承建的老挝川圹省南俄 4 水电站正式开工，将助力老挝“东南亚蓄电池”发展战略的推进。

五是农业领域。澜湄六国都是传统的农业国，农业是澜湄国家经济发展的基础。长期以来，农业生产、农产品消费以及农产品贸易一直是推动湄公河国家经济发展的重要源泉，农业在国民经济中占有重要地位。但澜湄各国农业基础不同，农业发展水平差距很大。近年来，柬埔寨政治局势稳定，经济发展速度较快，农业保持稳步发展，粮食自给有余。柬埔寨全国有 80% 以上的人口从事农业生产，主要农产品有稻米、大豆、玉米和烟草等，其中水稻是最重要的粮食作物，产值占农业总产值的 70% 以上。但柬埔寨农业生产效率低下，农业生产靠天吃饭，抵御自然灾害的能力弱，许多农产品种植仍以原始耕作、粗放管理为主，缺乏技术支持，而农产品加工除有部分小规模碾米厂和木薯加工厂等外，并没有规模化的农产品加工厂。老挝是典型的传统农业国家，城市化率仅为 10% 左右，农村人口占全国总人口的 85%，农业的单产比较低，缺乏抗灾能力，粮食产量也不稳定。粮食作物主要有稻米、玉米和薯类等，其中稻米占粮食总产量的90%以上。农业种植和养殖基本上是粗放式的，全国60多万农户中，有12万户的北部贫困山区的农民还处在毁林烧荒、刀耕火种的原始农业状态。农业是缅甸国民经济的命脉，全国约有70%的人口从事农业生产，农产品主要是稻米、豆类和玉米等。历史上，缅甸曾是世界上最大的大米出口国之一，现在是世界第二大豆类出口国。缅甸的农业技术水平很低，农产品生产率低下，农业产值长期占缅甸GDP 40%以上。越南农业人口约占总人口的75%，耕地和林地占土地总面积的60%，粮食作物以水稻为主。经过20多年的革新开放，越南逐步从传统农业向现代农业转变，农业得到长足发展，粮食产量和出口量稳步递增，已连续多年成为世界第三大稻米出口国。农业的发展，尤其是粮食的丰收带动了农产品加工业的迅速崛起，农产品出口加工业成为越南的新兴产业，但农业生产效益仍较低，农产品加工技术落后，商品生产率低。泰国是澜湄地区经济最为发达的国家，农业生产水平较越南、老挝、柬埔寨、缅甸高得多。泰国的农业生产主要以稻米、玉米、木薯、橡胶种植等为主，水果、蔬菜及花卉植物等也逐步成为泰国农业的重要组成部分。泰国号称东南亚粮仓，年出口稻米750万吨以上，为世界大米净出口量最大的国家，茉莉香米是泰国最出名的优质米，享有极高的国际声誉。中国农村人口占总人口一半以上，主要的粮食作物除水稻外，还有小麦、玉米和甘薯，小麦产量约占粮食总产量的五分之一，水果和蔬菜的生产量很大，居世界前列。相对其他流域国家，中国具有较为先进的农业技术，一些领域的农业科技水平已经达到世界先进水平，尤其是农作物优良品种、农业机械成套设备及技术等。21世纪以来，澜湄六国经济发展较快，产业结构逐步优化，农业产值占GDP的比重呈现明显下降趋势。

澜湄次区域农业合作始于2001年。2001年11月第十次GMS经济部长会议上，各国提出了建立和制定农业合作计划的意愿。次年7月，在亚行的支持下，次区域六国在老挝万象举行研讨会，宣布成立大湄公河次区域农业工作组，会上确定了工作组的职责、任务和运行框架，并决定今后次区域六国轮流举办工作组会议，原则上每年至少举办一次。此次会议的召开，标志着大湄公河次区域农业合作的正式启动。2003年1月，大湄公河次区域农业工作组第一次会议在菲律宾首都马尼拉亚行总部召开，来自次区域成员国的官员、民间社团以及国际和地区组织的代表出席了这次会议，会上各方代表共同讨论了次区域农业合作的重点项目，涉及动物疫病防治、农业信息技术、农业生物技术、渔业发展、农村水产养殖、农业自然资源保护和可持续利用、农业市场和贸易、农业技术推广及妇女参与等14个领域。至今，大湄公河次区域农业工作组已召开了6次工作组会议，在次区域的农业合作和减贫工作中发挥了积极的推动作用。2005年7月，在中国昆明召开的GMS第二次领导人峰会上，各成员国领导人充分认识到农业发展对于次区域消除贫困的重要性，明确将农业作为GMS经济合作框架下的优先合作领域，做出了“加强次区域农业领域的合作，通过技术援助，重点改善农民生活，确保粮食安全；优先考虑跨境农业合作；共同承担次区域各国之间动物疫病传播的防控工作”的重要承诺，提出尽快启动大湄公河次区域农业部长级会议，加强对次区域农业合作的指导。在这次会议上，次区域成员国还共同签署了《大湄公河次区域跨境动物疫病防控合作谅解备忘录》，将次区域跨境动物疫病防控合作提升到一个新的层次。2007年4月为响应各国领导人号召，首届大湄公河次区域农业部长会议在北京召开。会议审议通过了《大湄公河次区域农业合作战略框架（2006—2010）》（*Strategic Framework for Sub - regional Cooperation in Agriculture 2006—2010*），发表了《大湄公河次区域农业部长联合声明》，明确了今后四年次区域农业合作的战略、重点领域和重点项目。此次农业部长会议的召开对次区域农业合作具有里程碑意义，将次区域的农业合作推向了新的高度。会议通过的《大湄公河次区域农业合作战略框架（2006—2010）》（下称《战略框架》）作为次区域农业合作的纲领性文件，为未来几年次区域的农业合作提供了全面指导。《战略框架》

确定了“加快和加强次区域的农业合作；为次区域的粮食安全和减贫做贡献；促进跨境农业贸易与投资的便利化；促进农业新技术的转让和应用；确保环境的保护和公共自然资源的可持续利用；确保对跨境动物疫病的监控，减少其对社会经济的影响；加强人力资源开发和能力建设，解决跨境农业问题”等七大农业合作目标。为了目标的顺利实现，《战略框架》还专门制订出2006—2010年次区域农业合作的核心领域，即“农业支持核心计划”（Core Agriculture Support Program），包括“促进跨境农业贸易和投资；推动公共和私营部门的农业信息合作；提升农业科学技术水平和能力；建立应对农业紧急事件和自然灾害的应急机制；加强合作机构的联系机制”等五项内容，同时拟定了26个相关的具体项目。各成员国和亚行计划筹集2500万—3000万美元来落实战略框架的具体项目。为了确保上述计划得以顺利展开，农业工作组成立了秘书处，负责协调次区域成员国农业领域的活动，并加强农业工作组与发展伙伴以及与私营部门的沟通联系。该《战略框架》的批准，充分表达了次区域成员国加强农业合作、减少贫困的共同愿望，为今后次区域农业合作指明了发展方向。

至此，在亚行倡导的GMS经济合作框架下，次区域农业合作形成了以农业工作组会议为核心，农业部长会议为领导的合作机制。2020年2月澜沧江—湄公河合作第五次外长会发布《澜湄合作第五次外长会联合新闻公报》，正式通过《澜湄农业合作三年行动计划（2020—2022）》。根据行动计划，各成员国将在未来三年内充分发挥中国农业农村部牵头设立的澜湄农业合作中心联络协调和技术支撑作用，通过加强农业政策对话、农业产业发展、农产品贸易与农业私营部门投资合作、能力建设与知识分享及其他优先领域合作，共同提高各成员国农业发展水平。

（二）澜湄地区现有国际减贫合作机制的启示

首先，现有国际减贫合作机制间倡导“共商、共建、共享”的合作理念。[①] 这一理念表明各域外国家是通过公平、平等的参与澜湄次区域的减贫合作，并非将自身战略强加于别国，而是在相互尊重的基础上共同探索合作的最优模式，实现可持续发展与共同繁荣。中国推行的澜湄合作机制概念得到其他五国的热烈回应并快速得到落实，与“共商、共建、共享”新型合作理念一脉相承。“共商”即是要协商一致，共同制定澜湄合作机制下的国际减贫合作规划；“共建”即建立统一的减贫数据库和项目库、减贫项目检测评估体系和情况通报制度，建立和完善减贫相关议题的联系制度，等等；“共享”则是要做好利益的共享性，建立风险补偿机制，做到风险共担、利益共享、均衡发展。除此之外，要倡导绿色环保减贫的新理念。鉴于各国对环境问题越来越重视，在减贫开发过程中应该强化环保意识，注重减贫行动的可持续发展。要倡导“四位一体”的减贫实践新理念，即倡导以政府指导、企业实施、非政府组织推动、全社会响应的立体操作模式，加强各方在经济和社会领域的协调，以形成共同消除贫困的共识和行动。

其次，可以针对已有减贫合作糅合创新创建新平台。在澜湄流域下，创建一个针对次区域共享的减贫合作平台。一是开展减贫研究。主要是收集提炼发展中国家的发展与减贫经验，比较总结不同类别国家的发展与减贫模式，追踪探讨发展与减贫领域的热点问题，专题分析发展与减贫政策的影响，为澜湄次区域减贫合作的政策制定者、理论研究者和实践者提供技术支撑。二是分享发展经验。澜湄各国虽然经济水平和发展差异巨大，但在减贫过程中都积累了一定的经验，在合作中要包容并蓄，充分借鉴各国发展经验。三是推动减贫项目合作。以具体减贫合作项目为抓手，积极推动澜湄各国参与减贫战略与规划的制订，开展双边或多边合作，提供政策咨询服务，提供技术援助。四是实现信息共享。在逐步建设并完善网站信息平台作用的同时，开发建设相关的减贫

---

① 罗圣荣：《澜湄次区域国际减贫合作的现状、问题与思考》，《深圳大学学报》（人文社会科学版）2017 年第 3 期。

合作资料数据库，向有关用户提供减贫与发展领域的信息。

再次，寻求澜湄区域各国际减贫机制间的新平衡。一是寻求双边和多边的平衡。从制度设计来看，澜湄合作、GMS 等属于多边合作，在推进多边合作的同时，重视双边项目合作，不但更容易推进，也可以为推动多边减贫合作发挥示范作用。二是平衡现有减贫合作机制之间的关系。重点要处理好大湄公河次区域经济合作机制和新湄公河委员会、澜湄合作等机制之间的关系，避免功能重叠和恶性竞争。大湄公河次区域经济合作机制是以日本为推手的“亚开行”主导的区域性经济合作平台，除水资源合作之外，澜湄合作机制与 GMS 合作机制的合作领域高度重合，且很难加以区分。未来各减贫机制间的作用力与影响力的竞争可能随着合作加深而加剧，中方可以筹划有步骤地退出大湄公河次区域经济合作机制，专注于推动澜湄合作机制。1995 年新成立的“新湄公河委员会”，其职责范围远远超出了旧的湄公河委员会，但其是湄公河下游国家的一个共同机制，在区域合作方面仍发挥着独特的作用，因此，未来如何加强域外国家与新湄公河委员会之间的协调非常重要。

最后，开发减贫新领域与潜在领域。一是以产能合作促进产业减贫，开发减贫项目新领域。产业减贫是国际减贫的根本之策，依据相关国家法律框架和发展实际，依托交通互联互通和产业集聚区平台，优先推进电力、电网、汽车、冶金、建材、配套工业、轻工纺织、医疗设备、信息通信、轨道交通、水路交通、航空运输、装备制造、可再生能源、农业以及农产品和水产加工等领域的产能合作。二是在减贫项目设计上，各机制间可以有所侧重，避免重复投入与无序竞争，节约减贫资源。例如，在基础设施建设方面，在中国—东盟或者“10 + 3”框架下主推大项目，互联互通建设的主要目的是打通交通大动脉。澜湄机制与域内国家主导的减贫合作机制可主推中小项目，以互联互通为例，应着重打通交通的微循环，如推进“村村通公路”项目。三是争取减贫资金来源多元化。现阶段次区域各国财力的增长还难以满足澜湄减贫合作对资金的需求，但减贫资金投入的多少，直接决定着反贫困目标的实现程度，而主要国际机构均把减贫作为优先工作重点，可以争取的资源比较充足，需要认真研究澜湄地区的项目需求和国际机构的贷款政策，寻找合作基本点，积极争取“世界银行”“亚开行”“亚投行”等国际金融机构的资金支持和援助，增加减贫资金的多元化渠道。

二 澜湄地区开展国际减贫的主要模式比较及启示

（一）澜湄地区开展国际减贫的主要模式比较

目前为止，湄公河地区的减贫合作机制众多，各减贫机制可以从双多边层次来划分，呈现出双边交织、立体多维的特点。首先，从双边来看，美国、日本、澳大利亚、新西兰、北欧国家、德国、英国和法国等发达国家，以及联合国、亚开行、世界银行、欧盟、东盟等国际组织都在不同程度上参与了澜湄次区域的各项合作。从多边来看，与澜湄次区域相关的合作机制，目前主要有大湄公河次区域经济合作、东盟—湄公河流域开发合作、新湄公河委员会、柬老越发展三角区、伊洛瓦底江—湄南河—湄公河经济合作战略、中老缅泰黄金四角合作、东盟自由贸易区、中国—东盟自由贸易区、东盟与中日韩（10+3）、澜湄合作等合作机制。因为合作机制众多，既有国家间合作、国际组织与国家间合作，还有部分国家参与的合作，并且这些合作是在不同层次、不同区域之间开展的，这在当前世界各次区域的合作中实属罕见。

其次，澜湄次区域的国际减贫机制主要以政府为主导，民间或非政府组织为补充。从域外大国美国、日本、印度、韩国、欧盟，以及域内国家中国参与湄公河此区域的减贫合作来看，各国家都积极推动自身与湄公河国家间的联系，尤其注重推动建立与湄公河国家间的常设机制，并定期举行各类会议与论坛，来推动在湄公河次区域的存在与介入。减贫合作以政府间的合作为主导具有较其他主体间合作无可比拟的优势，如在资金、技术等方面具有较为雄厚的实力。

中国—东盟减贫合作通过签署双方达成的相关协议，提供相应的资金支持，再通过双边平等协作和援助的方式落实到具体的项目中。中国与东盟签署的三个《行动计划》都是以政府为主导达成的结果。此外，一年一度的“中国—东盟社会发展与减贫论坛”也是由双方政府部门合作的结果。2017 年 7 月，由中国国务院扶贫办与柬埔寨农村发展部共同主办的第十一届“中国—东盟社会发展与减贫论坛”在柬埔寨暹粒举行，此次论坛以“减贫实践与创新”为主题。当东盟国家遇到自然灾害等灾难时，中国政府也会提供相应的应急救助物资。[①] 与此同时，中国政府还通过推动与湄公河国家间的澜湄合作机制，使农业与减贫合作成为六国共同推动的优先建设领域之一。中国国务院扶贫办牵头成立了澜湄合作减贫工作组，并组织实施减贫试点项目，开展了东盟减贫论坛、减贫研修班等多种形式的澜湄减贫合作活动。[②] 奥巴马政府提出重返亚太以来，美国将湄公河地区作为提升其存在的重要区域。通过湄公河五国签署湄公河下游倡议（LMI），美国主导的与湄公河国家的合作致力于通过促进连通性和协作解决区域跨界发展和政策挑战，在五个 LMI 伙伴国家之间实现公平、可持续和包容性的经济增长。

再次，澜湄次区域的国际减贫机制存在功能重叠的“竞合”现象，这些机制并非单一领域的合作机制，而是同时涉及安全、经济、减贫、环境等众多领域，其重叠性主要体现在简化了机制运行程序，但也造成了大国间相互掣肘、恶性竞争、资金重复投入与资源浪费，以及国家依赖性发展、自身治理能力低下等问题，进而严重削弱了机制的权威性和有效性。[③] 湄公河下游国家（柬埔寨、老挝、缅甸、泰国和越南）与中国、印度、日本、韩国和美国之间存在若干湄公河合作机制。美国主导的“湄公河下游倡议”不仅通过主动援助湄公河国家在健康、农业、互联互通、连通性、教育等领域的发展，还邀请亚太盟友参与湄公河次

---

① 杨胜兰：《中国东盟减贫合作：现状、挑战与前景思考——基于 2030 年可持续发展议程的视角》，《中共济南市委党校学报》2018 年第 6 期。

② 《澜湄合作减贫项目惠及柬老缅民众》，中国新闻网，2019 - 03 - 20，http：//www.chinanews.com/gn/2019/03 - 20/8785556.shtml。

③ 罗圣荣、杨飞：《国际机制的重叠现象及其影响与启示——以湄公河地区的国际合作机制为例》，《太平洋学报》2018 年第 10 期。

区域的合作。美国称澳大利亚、新西兰、世界银行、亚洲开发银行、日本、韩国和欧盟等为其湄公河下游的"朋友"，即一个由美国及其志同道合的捐助者组成的财团，积极参与澜湄合作次区域发展，其中包括国际政策协调和多国私营部门的参与。①

日本也是较早进入大湄公河次区域的国家，通过采用三管齐下的"投资、贸易和援助"战略，稳步加深与东南亚国家联盟（东盟）五个湄公河流域国家的联系。日本于20世纪70年代便针对泰国和越南进行积极的投资。通常，日本在进行项目投资之前便会进行4—5年的项目评估，更注重追求投资项目的长远利益与社会效应，因此受到很多湄公河国家的欢迎。与此同时，美、日参与湄公河减贫与合作还有对中国的地缘政治考量以及全球经济竞争日益加剧的压力。日本不仅通过湄公河—日本合作机制挑战中国在该地区日益增长的影响力，还一直致力于解决南海问题。日本不是南海争端的索赔国，但它在湄公河—日本平台上提出了这个问题。从更广泛的地缘政治角度来看，湄公河—日本合作是日本和美国推动自由开放印度太平洋（FOIP）的一种手段，通常被视为对中国大战略"一带一路"倡议的反制措施（BRI）。② 除了湄公河流域国家增加其发展机会的初衷外，地区大国之间的参与和权力竞争使湄公河流域的合作活力更加复杂，超出了湄公河流域国家的控制范围。相比之下，韩国对该地区进行投资的系统方法开始时间相对较晚，韩国和五个大湄公河流域国家的外交部长年会仅在2011年开始。2014年，部长们达成了一项为期三年的"湄公河共和国"的协议，加强了首尔在该地区的投资存在并促进经济合作。

（二）澜湄地区开展国际减贫的启示

加强澜湄地区的国际减贫合作，既收获了前期丰富的经验与合作基

---

① "The Lower Mekong Initiative：The Lower Mekong Initiative（LMI）"，https：//www. lower-mekong. org/about/lower – mekong – initiative – lmi.

② "Doung Bosba：Dynamics of Cooperation Mechanisms in the Mekong"，*Khmer Times*，October 23，2018，https：//www. khmertimeskh. com/543025/dynamics – of – cooperation – mechanisms – in – the – mekong/.

础，也面临着许多未知的困难与挑战。减贫合作不是一蹴而就，需要各个国家间的机制合作与战略沟通，建立长期、可持续的国际减贫合作机制，同时还要吸引更多的民间力量与社会民众参与到地区的减贫合作中来。

加强各减贫机制间的沟通与协调，建立跨区域减贫合作网络。当前，在湄公河地区活跃着大量来自域内外国家或国际组织资助的国际减贫合作机制，这些国际减贫机制具有共同性，也具有差异性，在消除澜湄流域的贫困问题上存在目标协同性。因此，很有必要促进各机制间的经验交流以及各个国家关于减贫战略的对接，积极推动各国以及国际组织关于澜湄流域的减贫倡议落到实处。理解与对接各区域国家的减贫战略或者发展目标才能够更明确地实现国际组织或者减贫机制的最初目的。

在2011—2015年阶段，越南政府出台了可持续减贫国家目标计划和多项方针、政策，为保障社会民生、促进经济增长、实现可持续发展做出贡献。越南政府已经批准2016—2020年可持续减贫国家目标计划，其总经费20多亿美元。这项计划的目标是根据应用于2016—2020年阶段的多维贫困标准衡量的全国贫困户比例年均下降1—1.5个百分点，并改善生计，提高贫困者的生活质量，确保到2020年底全国贫困人口人均收入与2015年底相比增加1.5倍。① 这项计划的新亮点是，统一了各项减贫国家目标计划，即协助61个贫困县快速可持续减贫计划（简称30A计划）、发展少数民族地区和山区特困乡经济社会计划（简称135计划）。柬埔寨的首要目标之一就是减贫，尤其是针对农村地区，致力于改善农村的生活条件，创造就业机会，促进私营部分的发展。目前，泰国虽然已经消除了绝对贫困，国家贫困线以下人口比例也从1988年的65.17%下降到2014年的10.53%，但仍然面临着复杂的减

① 《越南可持续减贫实现千年发展目标》，越通社，2016-11-01，https://zh.vietnamplus.vn/越南可持续减贫实现千年发展目标/57362.vnp。

贫压力，特别是老龄化加速、教育等公共服务资源不均等新问题可能导致返贫现象的发生。[①] 据世界银行（世行）发布最新《老挝经济观察》称，老挝是东亚和太平洋地区经济增速最快的经济体之一。2014 年，老挝 GDP 增速达到 7.5%，2015 年继续保持了 7% 的增速。文章指出，电力、服务业和建筑业的发展是老挝经济增长的主要动力。报告指出，老挝的贫困问题得到缓解，贫困人口比重已下降到 23.2%，但许多家庭的经济状况仍然脆弱，有可能再度返贫。据统计，2013 年贫困人口中，有一半是在 2008 年以后掉到贫困线以下。要进一步扶贫，政府要重视创造就业，加大对教育和社会保障项目的投入。[②]

区域合作和一体化是减轻国家内部贫困，减少对外国或发展援助依赖的有效工具，要建立机制性的长效减贫合作模式以应对澜湄流域的减贫问题。单纯的经济援助与经济救助等并不具备可持续的发展前景，需要建立有效的政策和减贫合作机制。法治和政治稳定促进了经济增长，推动减贫项目取得实质性的成果。透明、充分和适当执行的法律，有效的财政管理和资源分配，适当的监管体系和健全的公共财政体系对于稳定经济增长、减少贫困与腐败以及使经济可持续发展都至关重要。熟练的劳动力是可持续经济增长的重要基础，对人力资本投入巨资的国家通常表现出最强劲的增长。在澜湄流域，大多数国家处于工作年龄的成年人缺乏就业所需的识字和算术能力。不断增长的青年人口已成为一项重大的经济和社会挑战，教育和技能培训资源面临越来越大的压力。缺乏利用增长机会所需的企业，营销和管理技能也会阻碍经济增长。有能力的人力资本，不仅满足技能性的需求，还能满足经济需求的多元化。因此，培养具有专业技能与高素质的工人与人才是解决贫困问题，实现流域经济长效可持续发展的关键。

---

① 《观察：法国、巴西、泰国如何解决贫困问题?》，中国经济网，2018 - 01 - 09，http：//tuopin. ce. cn/news/201801/09/t20180109_ 27641620. shtml。

② IFFI 国际财经中心：《世行：老挝经济前景向好政府应加大减贫力度》，http：//iefi. mof. gov. cn/pdlb/dbjgzz/201605/t20160527_ 2041730. html。

减贫合作机制不能仅仅由政府组织或参与，还需要调动更多的社会力量参与，仅仅关注国际减贫援助项目的评估指标建设和项目监管技术是远远不够的。国际组织或域外国家的减贫计划要真正有效就要发动澜湄流域的群众参与，寻求各类社会主体的合作机制，使国际减贫项目能够带给受援国长久的社会进步。受援国的市民社会组织需要积极参与到发展援助中并与援助国进行多维度对话，国际减贫机制与非政府组织也要通过共同推进项目、举办减贫论坛、开办学习培训班等方式与当地的合作伙伴有效合作和共同行动，这样才能推进受援国的社会改造和社会进步进程，更好地支持受援国本土内生力量的发展。新时期需要强化援助方和受援方的政治信任和文化宽容，不发达国家要消除贫穷就必须进行社会体制的改革，学习先进的发展理念和管理方法，培养公众的发展意识，增进社会包容和赋权。①

---

① 王微、周弘：《论国际援助功能的变化和全球发展》，《山东社会科学》2018 年第 1 期。

第四章

云南省参与澜湄合作机制下国际减贫开发合作的机遇与挑战

第一节　云南省参与澜湄合作机制下国际减贫开发合作的机遇

在“一带一路”倡议实施的大背景下，国际扶贫合作是深化中国和澜湄其他五国关系的重要抓手，也是一个有着巨大合作空间的领域。通过开展国际扶贫合作，将在满足云南减缓贫困和促进发展需求的同时，满足中国增强在周边国家软实力的需求。因而，在新形势下，摸清情况，总结经验，认清形势，进而提出加强云南省对澜湄五国国际扶贫合作的思路和对策，对于夯实澜湄国家之间的战略伙伴关系，提升合作水平，具有十分重要的意义。

一　战略优势

（一）澜湄合作机制将国际减贫作为优先合作方向

澜湄合作机制于2014年提出，2016年正式启动，是针对以往多边合作存在的问题而成立的一个全新的多边合作机制，减贫是该机制力推的重要合作内容之一。目前，澜湄合作机制得到了“亚投行”为其提供的重要资金支持，也成了中国实施“一带一路”倡议的重要组成部分。[①] 总的来说，“澜湄合作”是“一带一路”背景下很重要的组成部分，很大程度上是“一带一路”倡议在中国周边地区实施情况的“晴雨表”[②]，它是创新性的区域合作模式，从内容和合作理念上都与现存的合作有着显著的区别，但不会替代原有的机制，是对现存机制的补充和完善。[③] 当前澜湄机制的发展与完善面临着新机制与老机制协调的问题、下游国家对澜湄机制的认可和接受程度问题及中国对澜湄机制的支持力度问题。[④] 中国与湄公河流域国家（缅甸、老挝、泰国、柬埔寨、越南）“因水结缘”于 2016 年 3 月 23 日创建的新型次区域经济合作机制——“澜湄合作”（LMC），是中国“一带一路”倡议和“亲、诚、惠、容”周边外交理念叠加新尝试，也是“南南合作”新实践。2018 年 1 月 10 日，第二次澜沧江—湄公河合作领导人会议在柬埔寨首都金边举行，确立了“3 +5 合作框架”，开启了“澜湄合作”新篇章。

澜湄合作机制是党和国家在新形势下统筹国内外两个大局，着眼于提升沿边开放质量和水平，构建中国对外开放新格局新时期，推进中国陆上开放，提升沿边开放水平的重大战略部署，突出了云南省在国家对外开放战略中前沿性、重要性和带动性的作用，给云南省加快发展带来了千载难逢的历史机遇。澜湄合作机制全面启动以来，云南省委、省政府高度重视、全面部署，其成效正在不断显现。[⑤]

减贫合作作为中国—澜湄五国关系发展的重要组成部分，无论是在澜沧江—湄公河整体还是具体的成员国双边关系发展中都具有积极的实

---

① 罗圣荣：《澜湄次区域国际减贫合作的现状、问题与思考》，《深圳大学学报》（人文社会科学版）2017 年第 3 期。

② 张继业、钮菊生：《试析安倍政府的湄公河次区域开发援助战略》，《现代国际关系》2016 年第 3 期。

③ 中华人民共和国商务部：《日本承诺拨款 74 亿美元开发湄公河流域基础设施》，http：//www. mofcom. gov. cn/aarticle/i/jyjl/j/201204/20120408084844. html。

④ 黄河、杨海燕：《区域性公共产品与澜湄合作机制》，《深圳大学学报》（人文社会科学版）2017 年第 1 期。

⑤ 郑国富：《“澜湄合作”背景下中国与湄公河流域国家农产品贸易合作的路径优化与前景》，《对外经贸实务》2018 年第 4 期。

践意义。自澜湄合作机制建立以来，首次领导人会议发布的《三亚宣言》将农业和减贫合作正式确立为合作机制中五大优先方向之一。澜湄减贫合作与中国发展周边外交关系的理念相一致，即坚持以习近平主席提出的“亲、诚、惠、容”的周边外交理念，将澜湄国家的利益与中国的利益紧密相连，共同打造“利益共同体”和“命运共同体”。在发展援助合作方面，中国从来不以任何附加政治条件和施以其他压力作为前提。这也体现“和平共处五项原则”的合作原则。[①] 由云南省国际扶贫与发展中心承担实施的中国援缅甸减贫示范合作技术援助项目是习近平总书记在“南南合作”圆桌会上提出的向发展中国家提供“100个减贫项目”之一，也是澜湄减贫合作的一项重要内容。此项目主要通过乡村基础设施、公共服务、生计改善、能力提升、监测管理等建设，因地制宜，因贫施策，重点解决用水、用电、交通等民生问题。目前，该项目已正式启动实施，云南省已派出常驻人员赴缅，与缅甸相关部门组成联合项目管理办公室，在缅甸推广云南及中国成功的减贫经验和做法，进一步提高缅甸相关部门的减贫能力，让中国的发展成果更好更多地惠及缅甸普通民众。[②]

（二）中国“一带一路”建设为国际减贫开发合作提供良好契机

“一带一路”建设为国际减贫开发合作提供农业、社会等多领域多层次的投资。“一带一路”沿线国家与中国具有源远流长的交往、交流与合作，在新的历史时期，本着相互尊重、优势互补、互惠共赢的原则，中国与这些国家的交流合作逐步走向更加深入，已成为一种历史趋势。在全面的交往与合作中，中国对沿线国家尤其是对沿线发展中国家的农业和社会投资，对实现中国农业产业结构的转型升级，对提升这些国家的农业生产和经营水平，促进其农业市场化、产业化和现代化的进

---

① 杨胜兰：《中国东盟减贫合作：现状、挑战与前景思考——基于2030年可持续发展议程的视角》，《中共济南市委党校学报》2018年第6期。

② 《新时代新气象新作为 澜湄减贫合作稳步推进》，《云南日报》2018年3月22日，https：//www.kunming.cn/news/c/2018－03－22/5022843.shtml。

程、改善其贫困地区的农业农村基础设施水平，提高其粮食安全和教育卫生水平、国际减贫合作中，中国的对外农业与扶贫投资，需要更加注重对东道国制度与文化的认识、理解和尊重，需要对东道国人民尤其是贫困农民需求更加敏感和关注，需要与东道国政府联合制定农业投资及扶贫的原则、规范和标准，引导并优化投资主体的行为，促进国际减贫合作的可持续发展。

2013 年 9 月和 10 月，习近平总书记先后在中亚和东南亚之行中提出建设“丝绸之路经济带”和“21 世纪海上丝绸之路”的“一带一路”倡议。在“一带一路”开放新格局的构建过程中，云南是“一带一路”连接交汇的“枢纽”，是与云南周边国家交流合作的重要平台和窗口。

“一带一路”建设与国际减贫的关系可以概述为：一是基础设施尤其是这些国家广大贫困山区基础设施的改善，有利于沿线欠发达国家提升其发展的能力，实现自身的跨越式发展；二是中国与沿线国家产业优势互补性的发展，有利于这些国家巨大地提升其农业生产的技术和管理水平，促进其市场化、产业化和现代化的进程；三是国际社会对中国反贫困经验的借鉴，有利于实现欠发达国家在其反贫困方面的“弯道超车”，走一条更加有效的捷径；四是在教育、医疗、卫生和文化方面的交流和资金投入，有利于提升这些国家发展的后劲，更有利于实现各民族之间的心灵互通。

澜湄六国历来重视国家与地区间战略合作伙伴关系，这无疑为国际减贫合作创造了优势条件。2013 年 9 月 10 日，中国国家主席习近平先后提出共建“丝绸之路经济带”“21 世纪海上丝绸之路”的倡议，得到国际社会各国的积极响应。“一带一路”既是实现多元、民主、可持续发展的中国方案，也是维护开放型的世界经济合作范畴、打造国际治理体系的命运共同体，瞄准中国未来经济发展的新方向，为澜湄国家减贫合作提供新机遇。减贫事业亦是全世界共同克服的难题，“一带一路”的提出为区域间国际减贫合作提供新的契机，为澜湄国家减贫合作提供了更广阔的空间，国际减贫合作必然朝向有利势头趋进。[①]

（三）“面向南亚、东南亚辐射中心”的战略定位为云南参与提供重大机遇

在《推动共建丝绸之路经济带和21世纪海上丝绸之路的愿景与行动》中，云南省被定位为面向南亚、东南亚的辐射中心，参与澜沧江—湄公河次区域经济合作则成为云南贯彻“一带一路”倡议构想的重头戏。[②] 时任云南省委书记李纪恒对云南如何建设“辐射南亚东南亚中心”给出初步意见，提出着力建设区域性经济中心、突破基础设施建设瓶颈、构建开放型经济体制、强化公共服务措施。面向南亚东南亚辐射中心则是在国家践行“一带一路”倡议的框架下对云南提出的指导性定位，明确了云南在“一带一路”倡议中的重要角色。

加快建设面向南亚东南亚辐射中心，为云南省全面建成小康社会、全面深化改革、打造沿边开放新格局创造了有利条件。国家为发挥沿边地缘优势，将制定和实行特殊开放政策，加快重点口岸、边境城市、边境（跨境）经济合作区和重点开发开放试验区建设，加强基础设施与周边国家互联互通，支持发展面向周边的特色外向型产业群和产业基地。这意味着云南省发展的领域都将是能得到国家开放政策支持的领域。[③]

云南省第十二届人民代表大会第四次会议审议通过了《云南省国民经济和社会发展第十三个五年规划纲要》，纲要将“建设中国面向南亚东南亚辐射中心”列为一大目标，以加快形成全面开放新格局、着力建设区域性国际经济贸易中心、着力打造区域性科技创新中心、着力打

---

① 王晓云：《“一带一路”视角下国际减贫合作机制研究——以中非减贫事业为例》，《未来与发展》2018年第11期。

② 刘稚：《“澜湄合作”将为云南带来大机遇》，中国女性网，http：//paper. wgcmw. com/content/2016 - 11/17/033422. html。

③ 任佳：《云南“十二五”时期经济发展面临的机遇、挑战与对策》，《云南社会科学》2011年第6期。

造区域性金融服务中心、着力打造区域性人文交流中心和健全开放合作机制体制六大措施为实现这一目标的路径，这不仅为建设工作指明了方向、制定了衡量标准，确立了开展相关研究的重心，同时可以帮助构建辐射理论。

二　物质基础

（一）稳定的资金来源

云南省稳定的资金来源体现在地区生产总值、投资领域和经贸关系三大方面。第一，在地区生产总值方面。根据统计，2018 年一季度和上半年云南省地区生产总值分别增长 9.3%、9.2%，高于全国平均水平、好于年初预期。2018 年以来，云南省持续推动投资较快增长，1—7 月全省工业投资增长 10.8%，民间投资增长 12.7%，制造业投资增长 22.4%，投资结构不断优化。同时，大力实施消费升级行动计划，1—7 月全省社会消费品零售总额同比增长 11.4%。[①] 2018 年，云南完成地区生产总值 17881.12 亿元，同比增长 8.9%，增速比全国（6.6%）高 2.3 个百分点，排全国第 3 位。其中，第一产业完成增加值 2498.86 亿元，同比增长 6.3%，比全国（3.5%）高 2.8 个百分点；第二产业完成增加值 6957.44 亿元，同比增长 11.3%，比全国（5.8%）高 5.5 个百分点；第三产业完成增加值 8424.82 亿元，同比增长 7.6%，增速与全国持平。

第二，在投资领域方面。2018 年，云南省委、省政府及早出台稳增长 22 条措施、一季度“开门红”方案等政策，扎实做好“六稳”工作，着力解决实体经济发展中存在的突出问题，全省经济展现出较好的韧性。具体表现为农业经济平稳向好、工业高开稳走、固定资产投资结构不断优化、消费对经济增长的基础性作用进一步增强、外贸进出口总

① 《云南省经济社会发展总体平稳稳中向好》，光明网，https://baijiahao.baidu.com/s?id=1612381277224075554&wfr=spider&for=pc。

额创新高、金融机构人民币存贷款增速平稳等。同时，2018 年云南以构建“两型三化”现代产业体系为目标，大力发展八大重点产业，着力打造世界一流“三张牌”，生物医药、信息、新材料、先进装备制造 4 个重点产业“施工图”印发实施，产业推进路径更加清晰。其中，信息、先进装备制造业成长为千亿级产业。世界一流“三张牌”开局良好，产业结构调整迈出坚实步伐。①

第三，在经贸关系方面。云南与周边国家有着良好的经贸关系，为多边减贫合作奠定坚实基础。云南与周边国家高层互访频繁，经贸合作广泛，文化交流多样，学术互动活跃，这为云南在未来 5 年的发展带来良好的机遇。一是云南与缅甸、老挝、越南、泰国、柬埔寨等周边国家保持着良好的经贸关系。2010 年东盟是云南最大的贸易市场，贸易额 45.75 亿美元，同比增长 45.2%，占全省外贸总额比重为 34.2%；南亚国家成为云南第三大贸易市场，贸易额 9.31 亿美元，同比增长 72%。二是云南与周边国家的合作机制不断向前推进。大湄公河次区域（GMS）、孟中印缅（BCIM）、泰北、越北、老北多边和双边合作机制不断推动着云南与周边国家的次区域合作和双边合作。三是合作平台不断完善。昆交会、南亚国家商品展、GMS 论坛、中国南亚商务论坛、华商论坛等越办越好。四是互联互通取得进展。云南是面向西南开放航线最多的省，尤其是南亚方向开通了昆明—加尔各答、昆明—达卡、昆明—加德满都、昆明—科伦坡—马累等航线；东南亚方向空中有多条航线开通，陆上昆曼公路已开通；泛亚铁路东线、中线部分路段，以及在境内的大理—瑞丽段西线已启动。与南亚的交通联通问题成为历届“孟中印缅（BCIM）合作论坛”的主要议题。②

（二）良好的市场基础

云南省在发展质量和效益的投资项目、实体经济发展、金融中心建

---

① 《2018 年云南经济运行稳中向好》，中国日报网，https：//baijiahao.baidu.com/s? id = 1623874367711053513&wfr = spider&for = pc。

② 任佳：《云南“十二五”时期经济发展面临的机遇、挑战与对策》，《云南社会科学》2011 年第 6 期。

设等层面不断向好。就投资项目而言，滚动实施“十、百、千”项目投资计划和“四个一百”重点项目，固定资产投资年均增长 20.2%，发展基础得以不断夯实。通过全面实施扩内需、促消费各项措施，社会消费品零售总额增长不断。云南省去产能有力有效，累计压减生铁产能 156 万吨、粗钢产能 426 万吨，取缔“地条钢”产能 600 万吨，退出煤炭产能 3876 万吨。去杠杆稳步推进，严控各类债务风险。去库存成效明显，商品房库存控制在合理区间。降成本力度空前，累计为实体经济减负 1700 亿元。

大力发展实体经济，通过转型升级夯实市场基础。创新驱动发展战略大力实施，研发投入年均增长 17.9%。坚持“两型三化”产业发展方向，“中国制造 2025”云南实施意见和“云上云”行动计划持续推进，规模以上工业增加值年均增长 8.7%，企业主营业务收入突破万亿元大关。建筑业增加值年均增长 15.5%。现代金融、养生养老、大健康、旅游、文化等产业加快发展。第三产业增加值年均增长 9.9%。民营经济焕发新活力，非公经济增加值占地区生产总值比重提高到 47.2%。①

市场经济是建设面向南亚东南亚辐射中心的重要支撑。云南省近些年经济保持稳定增长态势，经济辐射能力与经济总量不断提升，人民生活逐渐改善。为实现澜湄地区减贫合作铺好经济之路，云南省利用两个市场、集聚两种资源，找准产业定位，强化市场对接，积极参与国际分工与合作，协同南亚东南亚尤其是澜湄五国，建设面向南亚东南亚的次区域经济中心。

在金融中心建设方面。自 2013 年 11 月启动沿边金融综合改革试验区建设以来，云南省金融辐射带动作用开始显现。云南省充分发挥沿边金融、跨境金融、泛亚金融和小微金融、普惠金融、地方金融改革创新

① 《云南省 2018 年政府工作报告》，中国发展网，http：//special.chinadevelopment.com.cn/2018zt/2018lh/zck/2018/02/1237321.shtml。

的特色与优势，用好用活中央赋予云南省的金融改革先行先试政策，打造云南省面向南亚东南亚的金融机构密集、金融市场发达、金融信息灵敏、金融设施先进、金融服务高效和金融辐射力强的金融辐射中心。①

（三）云南省区位优势突出

云南与越南、老挝、缅甸三个东南亚国家接壤，拥有长达 4061 千米的边境线，具有明显的区位优势，这为云南省全面经济发展和实现国际减贫合作带来先决条件。同时，云南也邻近柬埔寨、泰国、孟加拉国和印度等国。云南与东南亚山岭同脉，和澜湄国家自古就建立紧密的经济文化联系。早在公元前 2 世纪张骞通西域以前，就有“蜀身毒道”存在，即现在所称的“南方丝绸之路”。也即，至少在 2000 多年前，云南就是中国从陆上通向东南亚和南亚的门户，是中国和上述地区友好交往和开展经济贸易的主要通道。

云南作为中国的西南门户，地位殊为重要。目前，云南有 16 个跨境民族，与越南、老挝、缅甸三国境内的同一民族虽然分属不同的国家，但由于它们属于同一民族，相互之间具有“民族同宗、文化同源、江河同流”的特殊联系，有共同语言、共同的民族意识和密切的社会经济交往，从而赋予云南省与东南亚、南亚各国联结的天然纽带身份。而跨境民族发展的不平衡，也有利于云南省在与周边国家开展国际扶贫合作事业中的主导和优势地位的确立。在建设“桥头堡”和“一带一路”、构建“民族团结进步、边疆繁荣稳定示范区”的过程中，云南省也在实施沿边开放、“兴边富民”等战略部署。中国在云南开展边境扶贫，实现沿边发展，能够利用跨境民族文化相亲、相互沟通便利等特性，发挥示范带动作用，潜移默化地带动相关邻国边境地区的发展。

就国内其他边境省区而言，虽然都不同程度地承担着扶贫的重任，

---

① 陈利君：《云南省加快建设面向南亚东南亚辐射中心的对策思考》，《昆明理工大学学报》（社会科学版）2015 年第 6 期。

但广西只与越南接壤，无法在周边国家进一步发挥影响力。另外，越西北部邻近云南的地区是越南的边境、民族和贫困地区。与桂越边境地区相比，越南政府对滇越边境地区的扶贫开发工作更为重视。西藏由于受中印之间的边界纠纷问题的影响，无法与南亚周边国家有效开展扶贫合作，而新疆由于受三股势力的干扰，在境外开展大规模扶贫合作也面临较大障碍。

地理人文环境及民间交往的相似性，增强了云南和澜湄国家间的友好往来，这也成为云南在云南周边国家承担国际扶贫合作任务的优势。相较而言，一是由于云南的经济发展水平相对邻近的国家要好，云南作为“一带一路”的枢纽交通便利。二是云南与相邻的周边地区各国内外局势相对稳定，且都有巨大的扶贫需求，合作潜力巨大。三是云南有丰富的扶贫经验，云南与周边国家和邻近地区已经建立了多渠道、多层面的合作机制，再加上边境地区众多跨境民族的存在，这为中国扶贫经验的向外推广和传播奠定了良好基础。四是现在也有一些 NGO 和 INGO 希望以云南为基地，向邻近的东南亚和南亚国家开展国际扶贫合作。东南亚、南亚是中国进一步扩大开放的两个重点方向。多年来，云南省致力于建设中国连接东南亚、南亚的国际大通道，这不仅有利于云南省加强与东南亚、南亚各国的友好交往和经济合作，对全国的对外开放也具有重要意义。云南作为中国在东南亚和南亚周边国家开展扶贫合作的最佳方向，未来很有可能在国际扶贫合作中取得较大突破。云南省要充分利用与东南亚、南亚诸国邻近的地缘和人文优势，为中国的国际扶贫合作事业和扶贫外交的进一步发展做出更大贡献。因此，如能把具有中国特色的国际扶贫合作交流机构设在云南，以云南为核心在周边国家开展国际扶贫合作，就可以在这个领域进一步发挥其独特作用。这不仅能够促进云南自身的减贫发展，也能为丰富中国扶贫外交的理论和实践、践行周边外交“亲、诚、惠、容”的理念做出重要贡献。

（四）云南省资源基础良好

云南省拥有丰富的资源，尤其是能源资源、生态资源、民族资源、旅游资源等。这将为澜湄减贫合作提供大量资源，推动资源型经贸发展，促进民族民间交往。云南能源资源得天独厚，尤以水能、煤炭资源储量较大，开发条件优越；地热能、太阳能、风能、生物能有较好的开发前景。同时，云南的能源资源极为丰富，尤其是水能资源的开发前景最为广阔。全省水资源总量2089亿立方米，居全国第3位；水能资源蕴藏量达1.04亿千瓦，居全国第3位，水能资源主要集中于滇西北的金沙江、澜沧江、怒江三大水系；可开发装机容量0.9亿千瓦，居全国第2位。全省地跨6大水系，有600多条大小河流，正常年水资源总量2222亿立方米，水能资源理论蕴藏量为10364万千瓦，可开发的装机容量为9000多万千瓦，年发电量为3944.5亿度。云南江河水能资源在开发上具有许多优越条件：一是可开发的大型和特大型水电站的比例高；二是水能资源分布比较集中，开发目标单一，开发选择性强：三是可开发的水能资源工程量相对较小；四是水库淹没损失小，技术经济指标优越。对云南丰富的水能资源的开发利用正在有计划地展开，如位于澜沧江上装机125万千瓦的漫湾电站已经建成，并投入运行，这将为澜湄上游国家水能开发带来极大便利，为减贫合作带来巨大收益。

云南的光能、热能、风能、地热的利用前景都十分可观。地热资源以滇西腾冲地区的分布最为集中，全省有露出地面的天然温热泉约700处，居全国之首，年出水量3.6亿立方米，水温最低的为25℃，高的在100℃以上（腾冲县的温热泉，水温多在60℃以上，高者达105℃）。太阳能资源较丰富，仅次于西藏、青海、内蒙古等省、自治区，全省年日照时数在1000—2800小时之间，年太阳总辐射量每平方厘米在90—150千卡之间。省内多数地区的日照时数为2100—2300小时，年太阳总辐射量每平方厘米为120—130千卡。①

除此，云南矿产储量大、矿种全，号称中国的“有色金属王国”。

---

① 《能源资源》，云南省人民政府网，http：//www.yn.gov.cn/yn_ tzyn/yn_ tzhj/201805/t20180529_ 32700.html。

已发现矿产 142 种，有 92 种探明了储量，矿产地 1274 处。有 54 种矿产保有储量居全国前 10 位。有色金属是云南最大的矿产优势，铝、锌、锡的保有储量居全国第一位，铜、镍金属保有储量居全国第三位。在贵金属、稀有元素矿产中，铟、铊、镉保有金属储量居全国第 1 位，银、铂族金属储量居全国第 2 位：其他矿产资源也极为丰富，在能源矿产中，煤炭保有储量居全国第 9 位，主要分布在滇东北，全省已探明储量 240 亿吨，居全国第 9 位，煤种较齐全，烟煤、无烟煤、褐煤都有。云南已形成了一批以有色金属为主的，具有一定规模的矿产资源，也是国家重要的锡、铜、磷肥生产基地。

同时，云南是全国植物种类最多的省份，素有“植物王国”的美誉。几乎集中了从热带、亚热带至温带甚至寒带的所有品种。在全国约 3 万种高等植物中，云南省有 274 科 2076 属 1. 7 万种。在众多的植物种类中，热带、亚热带的高等植物约 1 万种，中草药 2000 多种，香料植物 69 科，约 400 种。有 2100 多种观赏植物，其中花卉植物 1500 种以上，不少是珍奇种类和特产植物。云南独特的气候和地理环境，供养了种类繁多的野生动物栖息，形成了寒温热带动物交汇的奇特现象。在云南，各种珍贵动植物得到有效的保护，对生物资源的合理开发正在进行，烟草、橡胶、茶叶、药材、热带水果具有了相当的规模，花卉、咖啡、香料等产业正在兴起。澜湄国家市场潜力巨大，通过独具资源特色的产业开发和发展，将给澜湄国家带来新的发展机遇，从而促进减贫事业的发展。

云南还以独特的高原风光，热带、亚热带的边疆风物和多姿多彩的民族风情而闻名于海内外。云南旅游资源十分丰富，已经建成一批以高山峡谷、现代冰川、高原湖泊、石林、喀斯特洞穴、火山地热、原始森林、花卉、文物古迹、传统园林及少数民族风情等为特色的旅游景区。全省有景区、景点 200 多个，国家级 A 级以上景区有 134 个。丽江古城（1997 年 7 月）、红河哈尼梯田（2013 年 6 月）被列入世界文化遗产名录，三江并流（2003 年 7 月）、石林（2007 年 6 月）、澄江古生物化石地（2012 年 7 月）被列入世界自然遗产名录，丽江纳西东巴古籍文献被列入世界记忆遗产名录。[①] 近年来，东南亚旅游业发展态势良好，澜湄国家在开发旅游资源上各有进展，云南和澜湄国家致力于旅游资源开发，将为脱贫减贫事业带来新的转机。

三 实践经验

（一）中国丰富的开展国内、国际减贫开发合作的成效及经验

改革是减贫事业的动力，丰富的减贫经验是合作共享的动力支持。中国通过 40 多年的探索，历经输血式扶贫、开发式扶贫、以人为本的扶贫、精准扶贫四个阶段，[②] 形成了一套具有中国特色的减贫之路，积累了具有地区特色的减贫经验。[③]

中国的减贫经验主要包括强有力的政治意愿和政府承诺，这是实现减贫的根本保证。一是中国将促进减贫作为国家现代化战略的重要组成部分，坚持以人为本，努力使经济发展的成果为所有社会成员所分享。先后多次就减缓贫困向国际社会做出承诺，并制定减贫计划，集中力量付诸行动。二是坚持以发展解决贫困，以减贫促进发展的理念。政府始终把发展经济作为中心任务，努力保持经济持续健康快速发展，为实现大规模减贫提供了基本前提。同时，立足培养和提高贫困地区的人口自我积累、自我发展能力，坚持“开发式扶贫”，引导和帮助贫困人口直接参与减贫活动，使之成为反贫困的主体力量，稳定了减贫成果，增强了减贫的可持续性。三是政府提供相应的制度和政策保障。资产分配相对平等、发展权利均衡分享、经济效率不断提高是减贫的重要拉动因素，需要制度保障；改善穷人生产生活条件、增强穷人发展能力是减贫

① 《旅游资源》，云南省人民政府网，http：//www. yn. gov. cn/yn_ tzyn/yn_ tzhj/201805/t20180529_ 32701. html。

② 姜安印、郑博文：《中国开发性金融经验在一带一路建设中的互鉴性》，《中国流通经济》2016 年第 11 期。

③ 王晓云：《“一带一路”视角下国际减贫合作机制研究——以中非减贫事业为例》，《未来与发展》2018 年第 11 期。

的关键切入点，需要综合性的发展政策和专门的减贫计划来保障。四是广泛动员社会力量。在政府积极干预的同时，动员社会各种力量加入扶贫济困行列。同时，需要尊重贫困群众经营自主权，把政府的意志、社会的关爱与贫困群众意愿相结合，确保减贫项目与贫困人口的实际需求相吻合。五是广泛学习和借鉴国内外的成功经验。一方面总结提炼国内各地成功的扶贫案例和模式，在此基础上开展大规模培训加以推广；另一方面通过国际合作和交流，引进新的理念和方法，并实现国际经验本土化。①

坚持以发展解决贫困，确立并完善市场调节主导资源配置的经济运行体系，奠定农村扶贫的制度基础。中国经济转型发端于农村经济体制改革，其核心是转变农地经营方式、农产品价格形成机制和购销体系。这项改革所诱发的劳动和土地生产率提高、农产品购销市场化及城乡产品要素市场一体化是早期农村减贫的主要推动力量。

保持经济长期持续增长的势头，推进工业化和城镇化进程，构筑农村减贫的经济基础。经济增长，特别是农业增长，和由经济增长诱发的农村工业化与城镇化进程，在体制变革能量释放之后，减贫边际效应逐步下降的时期，为实现持续减贫做出了重大贡献。

坚持“开发式扶贫”，出台一系列综合性惠农政策，提高农业综合生产能力和农村社会服务发展水平，形成农村减贫的政策基础。改革开放以来，中国逐渐由农业积累支持工业发展战略向工业反哺农业促进工农、城乡一体化发展战略转变，出台了一系列综合性惠农政策。这些惠农政策改善了农民生产经营和就业条件与环境，分担农村发展成本，增加农民资本存量，降低了城乡要素和产品市场的交易成本。

实施专项扶贫开发计划，着力解决贫困地区和贫困人口的基本素质低、生产生活条件差和增收门路少的问题，增强其自我积累、自我发展

---

① 张磊、樊胜根主编：《新千年减贫战略：问题、经验与教训》，中国财政经济出版社2007年版，第438—439页。

的能力。从内涵上讲，中国的专项扶贫开发措施包括三类：其一，特定政策优惠；其二，针对宏观区域和微观社区、农户各层级的各类发展项目；其三，对特定贫困群体生产和生活给予补助与救济。从组织实施体系上讲，中国在中央成立由相关行政职能部门组成的扶贫开发领导小组，负责组织和领导工作，并在其下设立办公室，负责扶贫开发的具体工作。地方各级政府也成立相应机构，统一领导和协调本地的扶贫开发工作。①

不仅如此，中国政府组织实施了针对贫困人口的专项扶贫开发计划，即通过政府主导、社会参与、自力更生、开发扶贫实现全面发展，将扶贫工作作为国民经济和社会发展中长期规划的重要内容放在突出位置。②

经过多年的实践，中国特别是云南的扶贫开发工作在发展中国家有很多可分享的经验，中国的扶贫经验也符合发展中国家的实际情况。很多发展中国家都面临着减贫和发展双重任务，而这些国家发展的状况与中国改革开放初期的情况类似。面对中国取得的巨大减贫成就，这些发展中国家也想通过借鉴经验找到一条更好的发展之路。

中国作为发展中国家的一员，虽然自身的发展也面临众多问题，但一直以来在平等互利、讲求实效、形式多样、共同发展原则的基础上，与发展中国家开展广泛而深入的减贫合作，提供力所能及的帮助。近年来，中国对外援助的主要目标是促进受援国经济发展和社会进步，促进“南南合作”和地区稳定。中国对外援助的指导思想不再是单纯的国际主义，同时包含国家利益、国际主义、大国责任的成分，秉承“援外八项原则”的精神，呈现出“平等相待，维护共同利益”“尽力而为，不附带任何政治条件”“互利共赢，谋求共同发展”的特点。通过更多元、更务实的援助方式和内容，中国展示了和平、发展、合作、包容的

---

① 张磊、樊胜根主编：《新千年减贫战略：问题、经验与教训》，中国财政经济出版社 2007 年版，第 430—436 页。

② 燕纯纯：《中国扶贫开发成为世界典范》，《人民日报》（海外版）2007 年 11 月 21 日。

国际形象，以实际行动促进世界的和谐。①

（二）云南省开展省内、国际减贫开发合作的成效及经验

在参与国际扶贫合作的进程中，云南扶贫工作的独到经验加上其地缘优势，可以成为与云南周边国家扶贫交流与合作的重要内容。一是深度把握贫困群体的扶持方法和路径。云南少数民族众多，少数民族地区的扶贫工作与汉族地区有很大不同，这体现出扶贫政策的差异性。这种差异性是可以和云南周边国家交流的重要内容。二是生态扶贫、生态文明建设和扶贫的关系的处理。贫困地区往往也是生态资源富裕和生物多样性明显的地区，但生态价值如果不放到国家的整体框架内去通盘考虑，很难体现其价值。类似这样的经验在云南周边国家也很普遍，可以作为交流的一个内容。三是边境扶贫。云南省有长达 4060 千米的边境线，一方面要解决边民减贫发展问题，另一方面也要在一个更广的视野、更高的层次上建立一种新的机制和体制，保障与邻国边境地区的和谐稳定和可持续发展。四是旅游扶贫。贫困地区虽然资源有限，但旅游资源却很丰富，如何有效利用这些资源来提高减贫效果，这也是云南省一大特色和积累的一个经验。

云南省是集边疆、民族、山区、贫困为一体的省份。由于自然、历史和地理位置等多方面因素，云南脱贫攻坚的特殊性、复杂性和艰巨性在全国罕见。云南占据了全国 14 个集中连片特殊困难地区中的 4 个，迪庆和怒江更是“三区三州”深度贫困地区，而在全省 129 个县中共有 88 个国家级贫困县，可见云南的脱贫攻坚任务之艰巨。但自脱贫攻坚战打响以来，云南省委、省政府始终坚持把脱贫攻坚作为统揽全省经济社会发展全局的重大政治任务、头等大事和第一民生工程，坚持尽锐出战、攻坚克难、不胜不休，最终彻底解决了困扰云南千百年来的贫困性问题。云南省的脱贫成效具体体现在以下五个方面。

---

① 王蔚、朱慧博：《简析改革开放以来中国的对外援助》，《毛泽东邓小平理论研究》2008 年第 8 期。

第一，脱贫摘帽如期实现。云南扶贫工作以贫困村为主战场，突出贫困地区和贫困群众民生改善，推进实施了以“整村推进、产业扶贫、劳动力转移培训”为主要内容的“一体两翼”战略，扶贫开发取得了显著成效。[①] 一是贫困地区经济发展水平明显提高，特殊困难群体和区域脱贫进展加快。边远地区、少数民族地区等特殊困难地区生产生活条件得到改善，经济社会发展加速，促进了边疆稳定、民族团结和社会和谐。二是贫困地区的基础设施明显改善，生态环境不断改善。通过开展“七彩云南”行动，结合天然林保护、退耕还林还草等政策措施，80 个重点县建设生态林 2385 万亩，明显改善了贫困地区的生态环境。同时在农村建设沼气池 83.22 万个，推广节能灶 44.14 万个，对于保护森林和改善居住环境起到了重要作用。[②] 2020 年 11 月，云南省政府正式宣布会泽、镇雄等 9 个贫困县退出贫困县序列，至此云南省 88 个贫困县全部摘帽，8502 个贫困村全部出列，11 个“直过民族”和人口较少民族整体脱贫，这标志着现行标准下的建档立卡贫困人口全部脱贫，困扰云南千百年的绝对贫困问题得到历史性解决。云南省贫困地区实现了人口基本医疗保险、大病保险、医疗救助的“三重”保障全覆盖，常见病、慢性病能够及时诊治；88 个贫困县义务教育均衡发展通过国家验收，义务教育辍学现象动态清零；易地扶贫搬迁达 99.6 万人，建成安置房 24.5 万套，解决了 130 万户约 500 万贫困群众的住房安全问题，[③]“危房不住人、住人无危房”目标全面实现。边远地区、少数民族地区等特殊困难地区生产生活条件得到改善，经济社会发展加速，促进了边疆稳定、民族团结和社会和谐。

第二，贫困地区生产生活方式发生深刻变革。2020 年底，云南省的 8502 个贫困村 100% 实现通硬化路、通邮、通光纤和宽带等，澜沧

① 王蔚、朱慧博：《简析改革开放以来中国的对外援助》，《毛泽东邓小平理论研究》2008 年第 8 期。

② 许树华编著：《云南农村贫困问题研究》，云南科技出版社 2012 年版，第 94—95 页。

③ 《云南脱贫攻坚的实践、成就、经验及精神积淀》，《云南日报》2020-08-05，http://www.yn.gov.cn/ztgg/jdbyyzzsjzydfxfyqj/fxpl/202008/t20200805_208403.html。

江、怒江“过江靠溜索”的历史一去不复返，沿边地区“五通”“八有”“三达到”[①] 目标全面实现，基础设施大幅改善。贫困地区通行更加便利，实现了从过去的人背马驮、“晴通雨租”到现在的物流电商进村，农民的生产、生活条件得到显著改善。现代产业已取代传统的刀耕火种，农村科技扶贫效果显著，新品种、新技术被大量应用在田间地头，农田水利设施条件改善，农业逐步朝着现代化、高原绿色化方面发展。产业结构逐步优化，大量农村富余劳动力从传统种植业、养殖业中解脱出来，转而从事非农产业。到 2020 年底，农村集中供水率从 2015 年底的 83% 提高到 96%，自来水普及率从 77.7% 提高到 94%，水质合格率达到全国平均水平。[②]

第三，贫困群众精神面貌显著提振。云南的脱贫攻坚极大提振和重塑了贫困群众自力更生、自强不息、创优争先的精气神。驻村工作队、基层干部、村党组织广泛开展“三讲三评”[③] 和“自强、诚信、感恩”活动，注重“富脑袋”与“富口袋”相结合，积极开展扶志教育、技能培训、典型宣传等宣传教育，使贫困群众的精神世界发生了由内向外的转变。民众脱贫致富热情高涨、主人翁意识显著提升、现代观念不断增强，“再穷不能穷教育”“再苦不能苦孩子”等观念深入人心，阻断贫困代际传递已成为各族群众的共识。贫困群众的思想观念从“靠着墙根晒太阳、等着政府送小康”逐步转变为“幸福是奋斗出来的”“脱贫致富是干出来的”。少数民族尤其是“直过民族”从安贫乐道观念转变为对美好生活的向往和不懈追求。

---

① “五通”即通路、通电、通水、通广播电视、通电话互联网；“八有”即有合格村级组织活动场所、有合格卫生室和村医、有宜居生活环境、有抗震安居房、有高稳产农田地、有经济作物、有商品畜、有劳动技能；“三达到”即贫困发生率下降到一个较低水平、农村常住居民人均可支配收入达到或超过所在县市平均水平、基本公共服务水平达到或超过所在县市平均水平。

② 《云南脱贫攻坚的实践、成就、经验及精神积淀》，《云南日报》2020－08－05，http：//www.yn.gov.cn/ztgg/jdbyyzzsjzydfxfyqj/fxpl/202008/t20200805_208403.html。

③ “三讲三评”的工作内容主要是：驻村工作队员讲帮扶措施、评帮扶成效；村组干部讲履职情况、评工作成效；建档立卡户讲脱贫情况、评内生动力。

第四，边疆民族对祖国的向心力和凝聚力显著增强。脱贫攻坚期间形成的互帮互助，使“各民族像石榴籽一样紧紧抱在一起”，增强了对中华民族的认同感，筑牢了中华民族共同体意识。在中国共产党的领导下，云南省采取精准扶贫的策略，推进“五级书记”[①] 一起抓和“党支部＋电子商务”、“党支部＋合作社＋贫困户”、“党支部＋公司＋合作社＋贫困户”等模式，使各族人民摆脱了绝对脱贫，基础设施显著提升，民生福祉水平进一步提高。特别是“直过民族”和人口较少民族在社会形态和物质形态上实现了“两个千年跨越”，从整族贫困到整族脱贫，创造了少数民族史上的发展奇迹，人民的幸福感和安全感进一步增强。同时，云南省坚持将脱贫攻坚与民族团结进步示范区“双融合双推进”，形成“示范区建设＋”工作模式并扩展到基层党建领域。在诸多政策支持下，边疆民族守土固边的责任心、自豪感显著增强，推动形成了以点串线、以线连片、以片带面的示范区，“吃水不忘挖井人、致富不忘感恩党”的思想深入人心。

第五，国际减贫交流合作成效显著。云南省位于中国西南边疆，与缅甸、老挝、越南三国接壤，是面向南亚东南亚的辐射中心，在开展国际减贫经验交流与合作上具有得天独厚的地缘优势，在扶贫减贫方面坚持“引进来”与“走出去”相结合。云南省已举办两届中国—南亚地方减贫合作论坛，近 200 名南亚及东南亚减贫官员、专家出席论坛。2020 年 11 月，“一带一路”减贫与发展联盟成立大会暨“全球可持续减贫与发展”学术研讨会在云南召开，并在临沧常设秘书处，旨在探索国际减贫合作新模式。[②] 此外，云南省是面向南亚东南亚的辐射中心，脱贫攻坚战中取得的成效和经验不仅造福于云南省贫困群众，也为周边国家减贫形成了良好的示范效应，利于推进周边命运共同体建设。

党的十八大以来，云南省坚决贯彻落实习近平总书记关于扶贫工作

---

① “五级书记”是指省、市、县、乡四级党委书记和村党支部书记。

② 《“一带一路”减贫与发展联盟在云南临沧成立》，中国新闻网，2020－11－18，http：//www. yn. chinanews. com. cn/news/2020/1118/60205. html。

的重要论述和党中央决策部署，坚持精准扶贫基本方略，彻底改变了全省贫困面貌，产生了云南特点的脱贫攻坚精神，为中国和国际社会减贫事业积累了云南经验。

第一，坚持党的领导是根本保证。云南脱贫攻坚之所以能取得如此巨大成就，首要的、最重要的经验就是坚持党的领导。中国共产党始终坚持把消除贫困、改善民生、实现共同富裕作为社会主义的本质要求，坚持“各民族都是一家人，一家人都要过上好日子”的奋斗目标，把人民对美好生活的向往作为一切工作的出发点和落脚点。中国、老挝和越南都是共产党作为执政党，均实行民主集中制，在推进减贫事业时，各级党组织需要发挥统揽全局、协调各方的作用，始终把脱贫攻坚作为全省经济社会发展的头等大事和第一民生工程。

第二，坚持制度优势是制胜密码。脱贫攻坚战的胜利是全党全社会的共同成绩，而中国特色社会主义制度优势是赢得脱贫攻坚战的制胜密码。制度优势体现在动员整合扶贫资源、强大的组织能力上，体现在汇聚各方力量上，体现在中央和集团定点帮扶、东西部协作扶贫、“挂包帮”结对帮扶上，体现在精准管理、督导检查、挂牌督战等各环节上。云南省长期坚持动员和引导全社会力量广泛参与，着力整合行业扶贫、专项扶贫、金融扶贫、社会扶贫、援滇扶贫等扶贫资源，促进政府、社会、市场协同推进，形成互为支撑和有机结合的大扶贫格局，为打赢脱贫攻坚战提供条件支撑。中国、老挝和越南同为社会主义国家，都可以发挥社会主义制度优势，即能集中和动员各方力量办大事。

第三，坚持精准扶贫方略是根本方法。坚持精准扶贫是云南脱贫攻坚战之所以能夺取全面胜利的根本方法，具体体现在以下几方面：一是建立了精准的脱贫攻坚体系，对贫困人口精准识别和建档立卡，解决“扶持谁”问题；二是实行全社会动员，构建超常规脱贫攻坚治理体系，解决“谁来扶”问题；三是针对致贫原因开展精准帮扶，解决“怎么扶”问题；四是严格执行贫困退出标准，解决“如何退”问题。坚持脱贫时间服从脱贫质量，及时调整完善贫困退出滚动规划和年度计划，逐步完善贫困户、贫困村、贫困县的退出标准，扎实推进区域发展与精准扶贫“双轮驱动”相结合，坚持“贫困对象家底清、致贫原因清、帮扶措施清、投入产出清、帮扶责任清、脱贫时序清”。

第四，坚持社会参与是重要手段。社会参与帮扶也是云南减贫工作的一项重要举措，包括东西部协作帮扶、定点帮扶、挂钩帮扶、“万企帮万村”等计划。一是完善定点帮扶机制。不断建立健全“领导挂点、部门包村、干部帮户”的定点挂钩长效机制，实现8502个贫困村都有驻村工作队。云南是全国中央单位定点帮扶最多的省份，共有53家中央单位定点帮扶云南73个县。二是积极启动“万企帮万村”行动，全省近5000家企业结对帮扶，累计投入资金60多亿元。如果老挝、越南两国各地在减贫中割裂，便会囿于经济和资源能力而阻滞减贫进程，因此需要充分调动各方资源，坚持政府主导，多元主体参与，激发贫困群众的内生动力，因地制宜制定减贫政策和措施。

第五，坚持“引进来”与“走出去”相结合是有效举措。云南省的扶贫理念和方法完善了世界减贫理论和帮扶措施。亚洲政党专题研讨会认为“云南扶贫经验是亚洲的财富”。除国内东西部协作帮扶、中央部委挂钩扶贫外，云南也曾是利用国际资源减贫成效明显的省份。同时，云南是面向南亚东南亚的辐射中心，通过“走出去”提升了自身影响力。云南省与缅甸民盟干部考察团、联合国驻华使节代表团等多个代表团开展座谈会，全力参与“一带一路”建设、澜湄合作机制、孟中印缅经济走廊建设，宣传和介绍云南精准脱贫的成效与经验，充分展示和介绍了精准脱贫在云南的生动实践，为共同促进全球减贫事业的发展贡献了云南智慧。

第二节　云南省参与澜湄合作机制下国际减贫合作的挑战

一　减贫主体层面

（一）国际合作机制重叠

目前为止，从双边来看，美国、日本、澳大利亚、新西兰、北欧国家、德国、英国和法国等发达国家，以及世界银行等国际组织都在不同程度上参与了澜湄次区域的各项合作。澜沧江—湄公河次地区内，由多方参与的多种区域合作机制长期并存。从多边来看，与澜湄次区域相关的合作机制目前主要有大湄公河次区域经济合作、东盟湄公河流域开发合作、新湄公河委员会、柬老越发展三角区、伊洛瓦底江—湄南河—湄公河经济合作战略、中老缅泰黄金四角合作、东盟自由贸易区、中国—东盟自由贸易区、东盟与中日韩（10+3）、澜湄合作等。因为合作机制众多，有国家间的、国际组织与国家间的，还有部分国家参与的合作，并且这些合作是在不同层次、不同区域之间开展的，这在当前世界各次区域的合作中实属罕见。尽管这些机制之间可以相互补充和促进，但面对如此众多的协议及不同的参与方，各种机制之间如何协调非常困难。贫困是一个复杂而多维的现象，常常是多种导致被剥夺感的因素叠加的结果。[①] 各种机制并存，客观上固然对参与国家本身的发展提供了便利条件和优势，但同时各种机制也存在不同的利益取向，在一定程度上容易对普通民众造成剥离感，影响减贫合作的成效。[②]

（二）中国参与主体单一

政府间的合作是中国与东盟国家减贫合作的主体。经过长期的合作与发展，中国与东盟减贫合作内容丰富、形式多样、涉及范围广，但在合作中政府间的行为居于主导地位，民间组织等非政府主体极少参与合作。中国东盟减贫合作以政府为主导，在签署双方达成的相关协议方面，具有高效率的优势，以及在相应的资金支持下落实援助到项目中，但这仍然存在资金和技术等难题。[③] 由于双方减贫合作较少借助第三方机构，减贫主体单一，使得政府创新扶贫模式难以有效实现，普通民众也很难受益。特

① 彼得·乔德里：《少数民族发展》（2012 年“减贫与发展高层论坛——包容性发展与减贫”背景报告之一），http://www.iprcc.org.cn/Home/Index/skip/cid/2450.html。

② 罗圣荣：《澜湄次区域国际减贫合作的现状、问题与思考》，《深圳大学学报》（人文社会科学版）2017 年第 3 期。

③ 杨胜兰：《中国东盟减贫合作：现状、挑战与前景思考——基于 2030 年可持续发展议程的视角》，《中共济南市委党校学报》2018 年第 6 期。

别是在社会经济发展日新月异、政治环境不断变化以及贫困问题表现得日趋分散、多样的情况之下，减贫的成功实施更需要各方力量的支持。

二 减贫理念层面

（一）减贫理念差异

澜沧江—湄公河区域国家减贫意愿强，但各国减贫理念却有所不同。对于区域减贫合作而言，不同的减贫理念使不同国家在减贫事业上的侧重点不同，故而影响减贫合作的最终成效。以老挝为例，作为东南亚国家中唯一一个内陆国家，偏远山区自然资源匮乏，环境恶劣，农业发展困难，贫困率极高。此外，复杂的多民族社会状况，多元化的生活习俗结合有限的教育发展水平，导致老挝少数民族聚居地区贫困问题无法改善。受佛教教义的影响，老挝民众物质欲望匮乏、生性安逸，缺乏主动脱贫的意识。老挝国内工业基础薄弱，服务业发展缓慢，第二、三产业人口仅占全国人口的5%左右，加之民众的受教育程度较低，农业基础设施落后，发展缺乏技术和资金支持，这些都成为制约老挝减贫进程的重要因素。[①] 因此，老挝减贫是以加强和周边国家抑或大国援助型经贸合作为出发点，以期通过外部帮助降低贫困率。

柬埔寨是经济发展相对落后的国家，电力、供水、道路交通等基础设施落后是最大障碍。目前全国公路通车里程仅5.6万千米，且一半以上为农村土路，雨季洪水频发导致沉降或坍塌而无法通车；南北两条铁路总长652千米，建设时间久，时速不足30千米。[②] 加之，全国电力供应不足800兆瓦，电力奇缺、电价高昂，配套产业较差，机电设备和钢材等物资需要进口，额外支出较大。此外，柬埔寨农业生产条件与技术、农田水利设施落后，相关专业人才缺乏，大大限制了国内农业的发展。因此，柬埔寨在减贫工作中着力于改善由基础设施落后引起的发展

① 王耀华、宁龙堂：《中国助力老挝减贫研究》，《中国集体经济》2018年第3期。

② 张海霞、庄天慧、杨帆：《建构主义视角下中国—柬埔寨合作减贫：回顾与展望》，《广西社会科学》2018年第9期。

滞后的现状。

越南虽然在长期可持续的经济中高速增长，取得了反贫减贫方面显著的成绩，贫困发生率快速下降，但减贫经验方面还有很长的路要走。按 1.9 美元标准，越南贫困发生率从 1992 年的 52.9% 下降到 2020 年的 2% 左右；按 3.2 美元的标准，贫困发生率从 80% 下降到 8.2%；按 5.5 美元的标准，贫困发生率则从 94.4% 下降到 28.7%，这样的减贫速度在全球范围内都是比较少见的。但是，越南贫困人口呈现出区域分布不平衡的问题，从城乡来看，贫困人口主要集中在农村地区，2020 年，农村贫困人口发生率为 13.6%，贫困人口数量占到总贫困人口的 94.7%。[①] 从地理分布来看，贫困人口主要集中在北部地区和山区，这些地区不仅贫困发生率最高，也是贫困人口绝对数量最多的地区。针对不同需求的贫困人口制定专项减贫计划成为越南减贫工作的出发点。

教育资源短缺是泰国贫困更为深层的原因。虽然泰国人口识字率从过去 60% 提升到 90% 以上，但总体教育质量还有待提升。根据 2010 年统计，泰国 2.8 万余所小学中平均每个班级只有 0.52 名教师，85% 的小学学生数量低于 20 人。“这种状况不仅不利于提高教学质量，而且会造成教育成本居高不下”。教育资源分配不均，直接影响人口素质和社会劳动生产率，对于减贫事业更是具有根本性影响，[②] 发展教育成为泰国加强减贫工作的重要支撑。

（二）宗教文化差异

澜湄地区是宗教文化多元的区域。一个包含多个民族国家的区域，

---

① Tổng cục thống kê, Thông cáo báo chí về kết quả khảo sát mức sống dân cư năm 2020（2020 年人口生活水平调查结果），2021－07－06，https：//www.gso.gov.vn/du－lieu－va－so－lieu－thong－ke/2021/07/thong－cao－bao－chi－ve－ket－qua－khao－sat－muc－song－dan－cu－nam－2020/。

② 《泰国减贫瞄准偏远地区教育资源短缺为贫困深沉原因》，中国新闻网，http：//www.chinanews.com/gj/2017/03－30/8186968.shtml http：//www.chinanews.com/gj/2017/03－30/8186968.shtml。

要实现包括政治、经济、社会等各领域的高度整合，乃至走向一体化，最重要的有两点：一是有内在一体化的主动诉求，这个诉求更多的源于共同的思想文化、价值观和认同感；二是有外在一体化的必要环境，这种环境则更多考虑到国际形势的现实要求和有利条件。两者缺一不可。其中，内在的意愿是走向一体化的前提条件，比较制度理论就认为制度的共建需要共有理念作为依托，这样共有意识和共同制度化的架构才会引导各个国家的共同行动。① 不同文明或者宗教文化差异性较大的国家要进行合作，则要面对风俗习惯和思维模式、行为方式上的巨大差异，在减贫合作的实际操作过程中会面临更为复杂的种种困难。

澜湄次区域所包含的6个国家的宗教或文化具有极大的相通性，主要体现在这个地区佛教有着重要的地位，民族成分和文化传统差异小，彼此认同感较强。但不可否认，各国内部又具有宗教的多元化。各国内部整合其实也是区域整合的重要部分，如果一个国家内部都因为多元的宗教而面临社会的不稳定，那么该国就会处于自顾不暇的状态，从而阻碍区域共同意志的形成与发展。宗教或文化的相同或相异是影响共同意志的重要因素之一。若话语体系迥异，很难进行足够有效的交流和沟通，在相互尊重、求同存异基础上强调以“一个声音说话”的澜湄次区域共同体的形成有利于共同意志的产生和发展。②

目前被普遍认可的事实是，今天的东南亚地区国家都是现代意义上的世俗国家，也就是说其基本符合政教分离原则，并且在国家层面上没有出现将宗教教法凌驾于世俗法律之上的现象。但是，东南亚地区的宗教又有着浓厚的文化和社会根基。以伊斯兰教群体为例，东南亚穆斯林居民在各国维持着可观的人口比例。东南亚伊斯兰教信仰群体更多地被看作“温和穆斯林”（Moderate Muslim），非东南亚地区的伊斯兰教知识精英群体也愿意将东南亚穆斯林作为整体伊斯兰教是爱好和平的重要

---

① 韩彩珍：《东北亚地区合作的制度分析》，中国经济出版社2008年版。

② 赵九州：《试析东盟一体化进程中共同意志的缺失》，《法制与经济（下旬刊）》2009年第3期。

论据。东南亚地区的穆斯林也把更多的精力放在了塑造自身“文化伊斯兰”（Cultural Islam）形象、向外界推广“世界性穆斯林”（Cosmopolitan Muslim）认同，极力避免给其他群体造成负面印象。然而宗教极端主义、宗教恐怖主义并未因此与地区政治舞台绝缘。如果宗教极端分子掌握了武器，潜在的冲突危机仍然存在。

在越南和老挝，无论是宗教组织规模扩大，还是宗教人口数量增长，都显示其国内宗教获得了更宽广的发展空间。在多族裔交汇的区域，历史和现实的宗教问题与族裔问题往往交织在一起，局面更为复杂。澜湄次区域族裔宗教问题有其区域特质。

从人口统计数据来看：泰国、缅甸、柬埔寨、越南、老挝绝大多数信仰者为佛教信众，占到90%左右的人口比例。加之宗教的跨国家的属性，一旦发生族群之间涉及宗教因素的暴力冲突，国内危机非常容易外溢为地区性政治危机。地区族裔宗教问题有多重历史政治成因。澜湄次区域诸国多曾受到周边强势宗教文化的输入，典型的是西方殖民文化带来的基督教。而随着这些输入宗教背后政治力量的实力消长，又反映到地区宗教人口格局的相应变化上。与此同时，该地区国家彼此之间也有频繁的宗教文化交流记录：不同国家的佛教徒会在宗教节日跨越国界，到位于他国境内的宗教圣地共同礼佛；不同国家的穆斯林为了能够共赴麦加朝觐，互相帮助突破国境上的封锁。宗教上族际融合抑或排斥都会在日后众多的社会公共生活中表现出来。

按照以经济合作促和平的设想，不安全的政治环境不利于任何国家建设经济繁荣，因此成员国之间更紧密的经济联系能够抑制暴力冲突的发生。然而现实是，族裔宗教问题多是历史顽疾，有的对抗和歧视观念甚至深入族群文化内核，这些不安定因素并不是必然随着经济联系的加强就会消逝，而1997年的东南亚金融危机也证明单纯的密集经济交往合作并非地区稳定与和平的绝对保障。①

---

① 章远：《东盟在区域族裔宗教问题治理中的角色拓展》，《世界民族》2015年第1期。

三　减贫方式层面

（一）调研规划不足

不论是西方发达国家对区域各国的发展援助，抑或国际机构和各国自身的努力，相互之间缺乏配套的相关政策和制度，无法采取协调一致的系统规划和分步实施的操作过程，难免造成资源的相对浪费与效率低下。在机制建设上，一方面，原有的澜湄次区域合作机制建设主要依赖政府首脑会议、正式的和非正式的部长会议来组织实施，缺乏专门的权威协调机构来统一调配行动，以发挥减贫合作的最大效能。另一方面，部分合作机制虽采用了一些国际通行评估标准，但评估工作往往由于合作对象或地点不同等因素，存在较大的随意性，导致减贫合作尽管开展多年，减贫投入持续不断，但各个机制之间自行其是，效果仍然不明显，贫困问题依然突出。在内容上，关于区域减贫的合作事实上目前主要集中在能源、基建、农业和经济领域，并未形成覆盖全社会各领域的减贫行动。在形式上，减贫合作多采用国与国之间的双向援助，而未形成专门的区域减贫合作机制来推动整个区域的脱贫致富。[①]

（二）实施路径不当

中国脱贫攻坚工作中，对具体对象的扶贫逐渐形成输血式扶贫模式和造血式扶贫模式。其中，输血式扶贫模式“治标不治本”，难以保障绝对贫困人口的温饱需求，反而会使扶贫对象对资金或物质援助产生依赖。造血式扶贫模式将被动脱贫转为主动脱贫，帮扶贫困的社会低收入人口，并挖掘其发展潜力，从根本上解决贫困。

政府主导扶贫战略受到挑战。汪三贵在分析中国扶贫战略演变的过程中，认为“政府主导、全社会参与”是中国扶贫战略的特色，但行政扶贫的弊端日益阻碍了扶贫资源的效率，扶贫体制需要改革。[②] 行政或政

---

① 罗圣荣：《澜湄次区域国际减贫合作的现状、问题与思考》，《深圳大学学报》（人文社会科学版）2017 年第 3 期。

② 汪三贵：《扶贫体制改革的未来方向》，《人民论坛》2011 年 12 月（下），第 36 页。

府为单一主体扶贫的弊端日益明显。一方面各记其功的评价体制和协调机制的缺乏，导致部门利益考虑严重，招致扶贫政策打架、资金分割。另一方面项目管理效率比较低。现在政府主导的扶贫项目前紧后松，投入之前考察比较严格，但确定项目以后，投入方与评价方是同一个主体，扶贫对象没有发言权，扶贫效果如何、扶贫资金使用效率没有一个科学合理的机制来保障，这样一个低效的管理模式必然导致一些原本很好的扶贫项目半途而废，扶贫资金投入与减贫效果之间产生非正相关关系。①

以柬埔寨为例，世界银行的数据显示，2004—2012 年，柬埔寨的农业年均增长率达到了 5.3%，居于世界前列。在此期间，柬埔寨的贫困人口比例从 2004 年的 53.2% 下降到 2012 年的 17.7%，呈现出一个以农业人口为主体的国家，依靠农业发展提供减贫的案例。但农业高速增长后开始回落，首当其冲的是已经达到极限的耕地面积。2004—2012 年柬埔寨农业增长的很大一部分是由耕地扩张推动的，在此期间，农田每年增加约 4.7%；2005—2013 年间土地扩张对农业毛利率变化的平均贡献（按作物面积加权）约为 60%。在许多情况下，扩大土地面积的农民的确获得了更高的收入，但土地面积不变或减少的农民却无法大幅增加收入。另一方面，大多数小型农场的生产力仍然很低。在食品价格相对较高的时期，农民把钱更多地用在了扩大耕地面积上，却没有为提高生产率奠定坚实的基础。虽然农场看上去增加了他们的收入，但这实际上是通过提高大米价格和在非正式工作中赚取工资来实现的。随着土地扩张减速、恶劣天气、全球大米价格下跌以及稻米生产商（泰国和缅甸）之间的竞争加剧，自 2013 年以来，柬埔寨的稻米产量趋于平缓，随之带来的就是 2013—2014 年柬埔寨全国农业增长放缓至 2% 以下。在现有农业人口的前提下，如何提高柬埔寨的农业生产率成了柬埔寨减贫面临的重大问题。②

① 吕怀玉：《边疆民族地区减贫战略研究》，博士学位论文，云南大学，2013 年，第67 页。

② 《柬埔寨减贫道路和中国一样吗?》，中国发展门户网，2019－05－15，http：//cn.chinagate.cn/news/2019－01/10/content_ 74359562.htm。

总之，发展是消除或缓解贫困的重要路径，要彻底解决澜湄地区贫困问题，靠扶贫是远远不够的。发展经济学认为，经济发展的目标是消除贫困，而消除贫困有两种战略可供选择：一是向贫困人口提供基本生存条件、生产条件及发展条件的满足以缓解贫困人口的人力资本投资战略；二是以促进经济增长为消除贫困创造物质条件的物质资本战略。在20世纪全球的减贫行动中，尽管大多数发展中国家都采取物质资本投资优先的经济增长战略来解决贫困问题并取得相当的成功，但实践证明，就消除贫困的效果而言，前者比后者要显著得多。[①] 也就是说，发展只可以总体上解决绝对贫困问题，不可以解决相对贫困问题，因为随着经济的发展，人们对相对贫困的认识也在发展。

（三）缺乏跟踪保障

由于地理位置、资源、历史问题等各种原因，澜湄六国贫富差距和贫富悬殊的问题依然存在，由贫困衍生出来的饥饿、暴力行动、社会冲突甚至是恐怖活动等一系列问题依旧令人困扰。就中国而言，伴随着国家持续的扶贫资金投入和政策扶持，扶贫工作的规模递减效应越发明显。根据国家统计局提供的数据进行测算，以2010年新贫困线为基准，2012年的农村贫困人口与上一年相比下降近2339万人，2016年的农村贫困人口与上一年相比下降了1240万人。但是2016年中央财政专项扶贫资金增加了67亿元，与上一年相比较增长43.4%，扶贫资金的规模递减效应逐渐成为一种长期的经济规律。这些致贫因素不一的贫困人口成为新时期中国扶贫工作的难点，也加剧了扶贫工作的艰巨性和复杂性。对比而言，澜湄其他五国同样面临减贫工作的困境。[②] 如中老双边贸易的一个重要特点是“投资带动贸易”[③]，贸易减贫的贡献程度取决于中国对老挝的投资。当前，随着老挝对资源性产品的限制，中国要想

① 赵曦：《中国西部农村反贫困战略研究》，人民出版社2000年版，第275—277页。

② 王晓云：《“一带一路”视角下国际减贫合作机制研究——以中非减贫事业为例》，《未来与发展》2018年第11期。

③ 卢光盛：《中国和大陆东南亚国家经济关系研究》，社会科学文献出版社2014年版，第260页。

扩大对老挝原材料的进口，必须引导中国企业“走出去”，增加对老挝的投资，并延伸其产业链。而投资对贫困的影响，是由企业来发挥作用的。对于贫困人口而言，直接投资设厂、创办企业能够让一部分贫困人口通过就业增加收入。[①] 近年来，虽然中国对老挝的投资范围不断扩大，比重逐年上升，但投资主要集中在老挝经济发达的地区（这里贫困人口较少），且主要分布在采矿业、水电、交通等领域（老挝的劳动力主要分布在贸易、服务、农业领域）[②]。因此，贫困人口获益有限。

其次，虽然中国对老挝的投资主体以民营、个体企业为主（数目比重高），并且主要从事劳动密集型产业，但限于资金及人力资本，大多数企业规模小，[③] 偏好于建设基础设施，无法调动资源投入老挝民生方面，故而影响老挝减贫工作效能。就双边层面而言，减贫合作到 2011 年才作为重要内容在中老双边经济技术合作的备忘录中出现，而此时中国—东盟层面的《落实中国—东盟面向和平与繁荣的战略伙伴关系联合宣言的行动计划（2011—2025）》[④] 已经完成。尽管 2011 年之前中国和老挝减贫合作早已开始，但更多的是应老挝政府需求进行的国家层面的合作，如老挝国家文化宫、昆曼公路、琅勃拉邦医院等。在这之后，才有了具有机制化特征的农村发展与减贫官员研修班。中老就减贫问题虽建立了不定期高层互访的机制，但减贫合作对话机制仍不完善，偏重于经验的交流，缺乏广度和深度，不能直接转化为减贫动力。[⑤]

---

① 武拉平等：《贸易自由化与减贫——基于中国和东盟国家的实证研究》，中国农业出版社 2011 年版，第 2 页。

② 商务部国际贸易经济合作研究院等：《对外投资合作国别（地区）指南老挝》，商务部 2014 年版，第 19 页。

③ 卢光盛：《中国和大陆东南亚国家经济关系研究》，社会科学文献出版社 2014 年版，第 264 页。

④ 刘少杰：《后现代西方社会学理论》，社会科学文献出版社 2002 年版，第 355 页。

⑤ 刘猛：《国际减贫视域下中国和老挝减贫合作问题探析》，硕士学位论文，贵州师范大学，2018 年，第 32—33 页。

第五章

云南参与澜湄合作机制下国际减贫开发合作的对策建议

第一节　丰富参与主体

一　注重国际合作

“开放包容、合作共赢、协调发展”的澜湄合作理念，需继续拓展、深化至湄澜六国国际减贫开发合作中。自澜湄合作提出以来，在机制成员六国共同努力下，贸易额、投资存量、人员往来都得到大幅度增长。经济的持续增长和人员的流动加速了减贫工作的进度。国际减贫的前提是注重国际合作，包括经济、政治、安全、民生等多个领域，取长补短方能促进澜湄合作国家摆脱贫困，甚至是走向繁荣。中国也继续秉承合作共赢理念，对接澜湄国家各自发展战略，实现流域协同和可持续发展；坚持创新引领，深化产能、数字经济、跨境电商、产业园区、贸易便利化等合作；坚持民生为本，推进教育、青年、卫生、水坝安全、妇女权益、减贫能力建设等合作；坚持改革开放包容，澜湄合作愿与次区域其他机制相互促进、优势互补，为缩小东盟域内发展差距、推进东盟共同体建设贡献力量。2021 年 3 月 23 日，是澜沧江—湄公河合作启动 5 周年。5 年来，六国积极建设面向和平与繁荣的澜湄国家命运共同体，中老、中柬、中缅命运共同体相继落地。在这一过程中，云南省充分发挥地缘、人缘、文缘优势，与湄公河国家实现了双边合作机制全覆盖，互联互通取得新进展，打造了一个全区域覆盖、多主体参与、各层面互动的澜湄合作立体平台。①

在“一带一路”倡议背景下，澜湄合作机制需最大限度发挥“互惠”特点，中国应充分开发澜湄国际扶贫合作中的自助与互助合作。在参与澜湄合作机制的六个国家中，包括中国在内，同属于发展中国家。其中缅甸、老挝、柬埔寨都属于农业国家，以自然资源开发为主，经济相对落后。尽管泰国、越南相对经济发达，但依旧没有完全摆脱贫困问题。中国的“精准扶贫”政策取得丰硕成果，尤其是在中国的西南地区和澜沧江流域，因此，中国与澜湄国家可以在扶贫领域深入开展合作，分享中国“扶贫经验”助力合作解决澜湄国家扶贫问题。需要注意的是，中国的扶贫合作要以参与国为导向，以受援国的需求为导向，做扶贫的“调查者”而不是“计划者”。西方发达国家在扶贫中自以为是的“计划者”形象使得扶贫工作的成效较少，甚至对受援国产生不利影响，加重受援国的腐败问题和对发达国家的经济依赖，受到了广泛的批评。澜湄机制的扶贫合作作为一种区域性公共产品，其积极的溢出效应将合作安排成相邻国家从此类公共产品和自然资源中获取最优收益的战略选择。同时产生“搭便车”的现象和集体行动的困境也不可避免，而互惠机制可以使得参与国的积极性与意愿增强，从而减少“搭便车”的现象。习近平主席提出“中国版‘搭便车’论”，欢迎合作国家搭快车“搭便车”，强调中国将秉承正确的义利观。在过去几年，中国以实际行动完成了湄公河应急补水工作，帮助沿河国家应对干旱灾害，向泰国、缅甸等国提供技术援助，同时还依托澜湄合作机制向沿岸国家提供减贫脱困、农业、教育、卫生、环保等领域的民生援助。所以，在“一带一路”倡议和澜湄合作机制下的多边合作，能够更好地加强六国彼此的经济、技术、经验交流，从而互惠互利、互

① 《云南与湄公河国家5年合作成果丰硕》，《云南日报》2021年3月24日。

联互通，从根本上改变国家和区域的经济发展水平，从而推动减贫合作，切实解决国家贫困问题。

相较我国周边其他区域，中国与澜湄机制相关国家更具良好的合作基础。“一带一路”所倡议的政策沟通、设施联通、贸易畅通、资金融通和民心相通等政策与主张，也使得中国在该地区有着较好的民意基础。因而，加快推进云南省与周边国家的国际运输通道建设，通过澜湄合作机制，建设面向南亚和东南亚的辐射中心，提升云南在澜湄合作机制下的国际减贫合作站位。

一方面，云南需充分研判澜湄相关国家国内政治局势、对华关系中的不确定因素，对参与澜湄机制下的国际减贫合作的不利影响。与此同时伴随澜湄机制的产生，进一步为国际减贫合作提供“社会规范”。从制度设计来看，澜湄合作机制是“1+5”的多边合作，在进行多边合作同时，中国可以用双边合作推动多边合作，寻求新平衡。中国需重点发挥与老、泰、柬等中线国家在扶贫领域中的突破性与示范性，带动两端的越南与缅甸，实现澜湄机制下各国在扶贫领域内的良好合作。另一方面，云南需顺势发挥深度参与澜湄国际扶贫合作的“区域优势”，稳抓云南—老挝扶贫合作的示范效应。在具体的合作领域中，中老可以广泛开展基础设施建设、农业开发、扶贫、人力资源开发和职业技术培训等方面内容，向老挝开放更多市场，实现经济合作互补，让老挝享受更多出口中国的优惠待遇，便利贸易投资和人员往来，实现文化与人才畅通无阻的交流，促进老挝人才资本质量的提高。[1] 在外交层面上，将中老双边关系升级为全面战略合作伙伴关系，推进“中老友好合作条约”的商谈和签署。通过中老之间在扶贫开发与经济发展领域中的先行性成果，带动澜湄机制下与其他国家的扶贫合作与发展。

---

① 陈磊、陈昭：《中国老挝磨憨—磨丁经济合作区——“一带一路”愿景的落地与承接》，《面向“一带一路”的律师法律服务——第八届西部律师发展论坛论文集》，2016年9月。

二　强化跨省协同

云南需充分利用面向南亚东南亚辐射中心建设契机，与广西进一步发挥双“桥头堡”作用，在国内建立扶贫合作的配套机制，加强跨省协调，从而共同推动扶贫开发的机制化与长期化。云南和广西两省在地缘上与澜湄流域国家临近，文化上与澜湄国家相似，便于在经济发展、扶贫合作方面与澜湄流域国家开展合作，推动澜湄扶贫开发合作。一方面，作为中国澜湄合作建设的主要省份，云南拥有得天独厚的地理优势条件。南亚、东南亚就是云南对外开放的重点，减贫合作又是其中最现实、最直接的突破口。更加强大的融资支持和政策支持，无疑会加强云南省先驱作用，从而带动更多中西部省份参与到澜湄合作当中，将利益扩大化。因此，云南应主动作为，充分利用自身优势，进一步提升对外开放的水平，在合作中牵线搭桥、穿针引线，来支撑澜湄六国之间的合作。目前云南省借助区位优势与老挝、越南、缅甸三国率先形成了一定的合作机制，创建了从经济产业到科研教育领域的新平台。另一方面，作为澜湄合作的重要内容，广西与沿线国家跨境合作进展顺利。2021年习近平总书记考察广西时提出，“在推动边疆民族地区高质量发展上闯出新路子，在服务和融入新发展格局上展现新作为”[①]。因此，在澜湄合作中，云南省同广西壮族自治区应跨省区联动，辐射更广阔的中国东南部省份，以此来补充云南作为内陆省份的自然限制。

云南应联动广西，争取昆明或南宁成为澜湄合作机制下，扶贫开发相关平台与机制的办事机构落户点。目前，澜湄机制合作下的区域性机构主要集中在泰国曼谷，这对中国在澜湄合作机制中发挥引领作用产生不利影响。合作平台建设是云南参与澜湄合作机制下国际减贫的首要任务之一，通过合作平台的服务与对接功能。合作双方可以洽谈合作项

---

① 《习近平在广西考察时强调 解放思想深化改革凝心聚力担当实干 建设新时代中国特色社会主义壮美广西》，求是网，2021－04－27，http：//www.qstheory.cn/yaowen/2021－04/27/c_ 1127382839.htm。

目、商讨合作目标和任务、交流扶贫经验。云南和广西两省在30余年的改革发展进程中，形成了独特的“云南经验”和“广西经验”，在减贫过程中形成了“开发式扶贫”等有效做法。云南周边国家也在减贫过程中进行了独立探索，积累了宝贵经验。双方可通过这一平台探讨减贫战略和政策，交流减贫和发展经验，互学互鉴。与此同时，平台建设的日趋完善，将会吸引更多国内外贫困省份参与其中，实现国内外跨省协同合作，汇聚百家经验，为每一地区量身定制具体扶贫措施，避免套用过往经验而造成不良后果。

云南需联动广西，在经贸、文化及科技、法律与安全领域发挥澜湄扶贫合作的“纽带”作用。在经济和贸易等领域，利用网络信息对接国内其他省份，建设以云南、广西为基地的物联网，发挥国内其他省份自身功能优势，继续扩大开发电子商务的合作范围。例如，将北上广深特大城市的技术优势、沿海地区省份的交通优势和辐射南亚东南亚省份的资源优势协同对接，优势互补。以云南省为桥梁带动更多的省份参与其中，才是澜湄合作机制下开展扶贫合作的基础和保障，云南省借助国内发达省份的技术优势，第一时间获取澜湄合作国家的减贫需求和目标，并向国内其他省份传达，以此来共同制定减贫计划。同时，可以及时获取澜湄合作国家的市场信息，以云南省为中转站，发展和扩大原有基础上的进出口贸易，以此促进澜湄合作国家经济增长，从而为减贫提供经济基础。在文化领域和科技交流领域，可以在昆明设立湄公学院（Mekong Institute）分院，重点开展相关人才的培养与教育；可以在昆明建立澜湄合作扶贫开发中心，重点开展与扶贫合作相关的政策沟通与项目规划，为澜湄机制的扶贫合作提供政治支持和政策指导，在战略规划层面推动扶贫开发合作。在自然资源开发和环保领域，可以在昆明与南宁两地建立澜湄水资源合作中心，通过该中心中国加强与澜湄国家在水资源治理领域的经验技术交流，帮助相关国家制定水资源利用和防洪减灾规划，减少自然灾害对于农业生产与经济发展的不利影响，提高澜湄流域水资源调配与管理水平，把澜湄水资源合作打造成澜湄合作的

“旗舰品牌”。最后，在法律和安全方面，可充分发挥“澜沧江—湄公河综合执法安全合作中心”作用，联合泰、缅、柬、老等国，加强区域各国执法能力建设，积极打造“平安澜湄”安全走廊，更好地服务流域安全稳定经济发展。同时，在昆明和南宁建立面对澜湄机制国家的代表处与办公室，加强两省在国际减贫合作方面的联系，为澜湄机制的扶贫开发合作提供资金保障，也可以增强中国在该地区的影响力。

三　推动民间参与

国际减贫需整合多国资源，加强政府间与民间的交流和理解，形成合力，消除障碍和隔阂。从区域性公共产品的视角探讨澜湄机制下的扶贫开发合作，应该意识到公共产品供给主体的多元化，在发挥政府这一主要参与者的重要地位和作用的同时，也应该注重发挥企业和 NGO 的作用，使得供给主体之间彼此互补，有效地发挥各自的优势以弥补不足的同时，推动民间力量的支持和参与。在澜湄机制的扶贫合作中，中国企业可以通过海外投资，实现中国企业“走出去”，从而带动澜湄合作国家就业与相关产业的发展，同时积极承担社会责任。在基础设施建设领域，中国企业可以进行承建，在实现企业经济效益的同时，也可以在当地的扶贫工作中起到社会效益。在新技术开发和运用领域，中国企业可以秉承“授人以鱼，不如授人以渔”的策略，向澜湄合作国家提供技术上的支持，加强技术领域上的合作，实现共赢。从企业自身建设发展角度出发，由于基础设施建设工程存在资金需求大，建设周期长，风险大等问题，中国政府也应该对参与澜湄扶贫合作机制的企业提供政策上的优惠与资金的保障，降低企业参与其中的风险。通过公共财政支出来弥补和引导中国企业“走出去”，达到鼓励民营企业的目的，与政府投资形成合力。另一方面，企业在参与澜湄合作的过程中应该注意相应的政治风险。随着中国与次区域国家合作的深化，中国应进一步完善相关法律和制度，特别是对次区域国家的矿产、水电资源开发等直接投资，在合作中要更加注重规范方式，遵守严格的环境和质量标准，追求经济效益的同时扩大合作的社会效益，更多地顾及当地就业、环境等方面的可持续性发展，这样才能在保障受援国基本利益基础上完成减贫工作，也可以避免域外国家给中国戴上“资源掠夺”的帽子，从而减少或是打消澜湄合作国家的顾虑，努力共创双赢局面。①

企业以经济效益作为主要导向，因而在发挥企业作用的同时，也应该注重发挥中国非政府组织（NGO）在扶贫开发中的重要作用，推动中国 NGO 积极“走出去”，弥补海外中资企业从事公益能力不强的困境。2018 年 11 月 23 日澜湄国家民间组织论坛在昆明召开，旨在推动澜湄区域消除贫困、促进经济增长和民生改善、实现区域可持续发展，为澜湄地区合作夯实民意基础。② 可见，加强非政府组织间的合作与交流，可以更全面更准确地了解民意，收集来自民间的减贫方案。非政府组织正如民间和政府间的桥梁，使得减贫事业更加精准高效。另一方面，国际间非政府组织的合作，可以加强澜湄合作国家的民间文化交流，使得民意相通。各个国家的非政府组织目标和理念不同，在减贫的不同领域发挥着各自的作用，主要领域包括人道救援类、教育扶贫类、国际交流类、学术研究类和能力培养类。如世界宣明会老挝办公室、越南志愿者促进会，在改善儿童生活教育环境质量方面，可以同云南妇女儿童发展基金会合作交流，致力于在减贫合作中提高教育质量和水平。如缅甸梭秒昂基金会在医疗扶贫和灾后重建方面，可以同云南省扶贫基金会合作交流，云南在减贫和应急扶贫方面有着独到的经验，可以在第一时间实现与澜湄合作国家的对接和合作。

在鼓励中国非政府组织积极参与澜湄机制扶贫开发之外，应该建构起统一的社会组织“走出去”扶贫的政府支持体系，提供政策与资金的保障与支持，降低 NGO 在国外扶贫工作的风险。同时，也要完善相

---

① 陈锋：《企业社会责任与减缓贫困》，博士学位论文，中国社会科学院研究生院，2010 年。

② 世界宣明会：《澜湄民间组织着眼扶贫与社会发展》，2018 - 11 - 23，http：//www.worldvision.org.cn/cn/wedo - detail? project_ id = 38&wedo_ category_ id = 30。

应的法律法规与制度保障措施，加强中国NGO的扶贫能力建设，建立中国NGO参与澜湄机制扶贫开发的相应平台、中国社会组织与国际组织之间的平台、中国社会组织之间的平台和中国社会组织与受援国社会组织之间的平台。例如研讨会、论坛、智库联盟等，促进社会组织之间的交流合作和经验分享，使得中国的社会组织可以更好地参与到澜湄机制的扶贫开发之中。[①] 云南省在具体参与澜湄合作机制下的减贫工作时，可以委托国家非政府组织和省内非政府组织，实现和澜湄合作国家的对接，也可以在实现合作的基础上，委托其他国家的非政府组织向当地征集澜湄合作机制下减贫的意见和建议，以需求为导向，做到科学决策，提高民间参与水平。另一方面，非政府组织也可以利用自身的资源面向社会对处于不同经济阶层的群众进行调查，从而更加全面地了解在减贫行动的过程中如何更好地平衡社会矛盾，如何使资源利用最优化，提高扶贫受众的满意度。

在制度建设方面，可通过民间社会组织参与到扶贫开发，鼓励开展“民间扶贫”“地方扶贫”，吸引更多国家的社会成功人士参与扶贫开发项目，成立相关扶贫基金会，从民间给予国际扶贫合作支持，以少数带动多数，努力缩小贫富差距。不仅可以推动减贫合作深入当地社会，减少澜湄机制国家对于“中国威胁”的担忧，也是对域外大国“中国威胁论”的论调的有力回击。

第二节　协调减贫理念

一　深入研究当地文化

研究澜湄合作国的历史文化，是在当地民间更好地开展减贫工作的必要前期准备。澜湄合作国家历史具有复杂性，长期受殖民国家和不同

---

① 鞠晓颖、叶素云：《非政府组织参与“一带一路”倡议的作用探讨》，《发展研究》2018年第2期。

域外宗教文化影响，难免导致澜湄合作国家的目标不一和利益分歧。深入了解澜湄合作国家当地文化，也是云南开展国际扶贫合作的优势所在。云南省作为少数民族众多的省份，是民族多样性文化汇聚之地，对于研究不同民族和地区的文化有着独特的视角，可以更好地实现与澜湄合作国家的对话和沟通，减少在合作中因为文化差异而产生的冲突和矛盾，增加彼此的认同感和信任感，也为国际减贫合作政策制定者、理论研究者和实践者提供技术支撑。

当前，云南开展国际减贫，深入了解当地贫困状况、调查民意显得至关重要，应该重点聚焦大湄公河次区域的老北、缅北、越北、泰北、柬北等地。第一，就国家政治经济发展程度而言，上述国家均为目前世界较为落后的发展中国家之一，经济多以第一产业为主、基础设施落后、贫富差距大、国民受教育水平低，在政治上甚至部分国家存在边境领土争端问题和国内政局的不稳定，与改革开放前的中国拥有较为相似的情况。所以，在面临着诸多国内政治经济问题时，亟须通过澜湄合作机制、GMS合作机制等合作方式来实现国际经济合作，从而带动减贫合作和相关工作开展，中国作为负责任的大国也理应做出表率，支持澜湄机制下的国际减贫合作。[①] 第二，就开展扶贫工作的角度而言，这些国家目前的经济发展与云南的发展经历相似，可以找到很多共同点，诸如同为多民族省份和国家、拥有相似的气候和地理条件、自然未开发程度高、自然灾害频发等。云南省可以将既有的扶贫经验提供给澜湄合作国家，因地制宜突出地方特色，保留并发展当地优秀的传统文化，以文化创新发展带动经济发展。例如重点发展文化和旅游业，加强民间交流，从而更加深入了解彼此文化，努力打造成功的国际扶贫合作示范项目，这是未来决定中国扶贫经验能否“走出去”，能否扩大中国软实力的关键所在。第三，就巩固传统地缘政治关系和历史的角度而言，这些

① 张海霞、庄天慧、杨帆：《建构主义视角下中国—柬埔寨合作减贫：回顾与展望》，《广西社会科学》2018年第9期。

国家均与中国基本保持了传统的友谊，是中国周边外交中重点关注的国家，与中国保持外交和政治经济合作，且邻近云南。即便可能存在某些短暂的摩擦和矛盾，相信也可以通过澜湄机制下经济合作和减贫合作来逐渐解决矛盾，达成彼此理解。与这些国家开展扶贫合作，是实践中方的周边外交政策、体现周边外交“亲、诚、惠、容”理念的试验田，对于促进中国与周边国家的关系，进一步改善我国的周边环境具有非常重要的意义。

云南应借助已有扶贫合作开展条件，与泰、缅、柬、越、老等国形成减贫合作文化。云南与上述国家大多建立了各种比较成熟的合作机制，这使得云南具备了与上述国家尽快开展扶贫合作的基础条件。云南与上述国家之间有“黄金四角”合作机制（泰北、老北、缅北、中国西双版纳）、云南—老北合作机制、云南—泰北合作机制和中越五省市经济合作机制，借此合作机制，云南省可以增加在该地区投资和基础设施建设，建立经济开发区，采用“三去一补”的方式扩大各方面合作，依托云南区位优势努力创造并逐渐形成澜湄地区减贫合作文化。①

二　塑造减贫共同认知

澜湄合作机制属于区域合作的重要机制，而在区域合作之中，部分国家受到了国家主义的影响，往往将保护国家利益作为阻碍区域合作的理由，产生“搭便车”的倾向。例如，中国和越南在南海问题上的冲突，成为阻碍中国与越南在澜湄机制扶贫合作的重要障碍，这种对于国家主义思想的过分渲染使得澜湄扶贫合作蒙上了一层阴影。另一方面，受到主权观念的影响，部分国家对于澜湄合作仍然存在疑虑，奉行“中国威胁论”。澜湄区域安全共建机制中，对于澜湄各国出动警力共同保卫流域安全存在质疑，或者认为中国企业对于澜湄国家不发达区域的投资是出于中国本国利益，威胁自身主权，使得澜湄合作机制的领域

① 刀书林：《“黄金四角”计划及其发展前景》，《现代国际关系》1994 年第 5 期。

拓展与合作升级受到威胁。对于澜湄扶贫合作机制而言，我们要注意保障国家利益和主权独立，尊重他国的主权与国家利益，但也不能将国家主义与主权观念极端化，使得澜湄合作扶贫难以为继。在具体的战略实施中，可以通过建立共同基金的方式，通过各国共同参与澜湄区域的贫困治理，来减少国家意识与主权意识对于区域合作的不利影响。

中国应当同澜湄机制下所有参与减贫合作的国家行为体之间塑造"共同减贫知识"，结合贫困地区和国家不同的文化特征和文化理念，从而形成特定减贫理念和行为规范。当然，在国际减贫过程中，行为体参与减贫互动都基于一定责任和意图，会对自己和其他行为体有身份和利益定位，所以国际减贫过程中，不仅仅是经济层面互动和利益的不断权衡，也会涉及文化层面互动。需更加关注贫困群体价值观和行为方式，真正实现民心相通，打消减贫合作国家民众的顾虑，避免将其他领域的摩擦同减贫合作相关联，为打造"命运共同体"创造和平稳定的平台。①

倡导"绿色减贫"逐渐成为各国共同理念。秉承绿色、环保、生态、和谐的发展理念，才能推动国际减贫可持续发展。澜湄机制国家在进行扶贫开发的同时，也面临着土地污染、土壤退化、生物多样化减少等一系列环境因素的压力。澜湄国家多为农业国，农业发展主要依赖自然资源，因而环境问题和可持续发展问题是澜湄国家的关注重点。中国在与澜湄国家在进行扶贫合作中要注重保护当地的环境，承担社会责任，减少扶贫投资中的政治风险。在绿色可持续的共同减贫发展认知之下，变资源优势为经济优势，开发澜湄沿线地区生态价值，变澜湄沿线自然灾害问题为资源优势，通过中国和澜湄合作国家共同技术研发和水利设施建设，共同打造地区资源优势，从而增加彼此信任。同样，秉承绿色可持续发展理念，可以更好地得到国家政府、人民群众乃至国际社

---

① 刘猛：《国际减贫视域下中国和老挝减贫合作问题探析》，硕士学位论文，贵州师范大学，2018 年。

会的关注和支持，使得澜湄机制下的减贫工作具有更深远意义的影响，为国际减贫工作提供经验。[①]

三　推介中国减贫经验

中国扶贫经验，尤其是云南扶贫经验，应当在澜湄机制下、在国际减贫合作中得到充分推介。自改革开放以来，中国始终坚持“政府主导、社会参与、自力更生、开发扶贫”，实现了从普遍贫困到区域性贫困再到基本解决贫困的转变，并创造性地发展了多种减贫措施和积累了诸多鲜活的减贫经验。一是依据本国国情确立并适时调整扶贫标准，完善市场调节主导资源配置的经济运行体系。二是根据不同阶段发展适时调整扶贫路径，注重激发扶贫内生动力，培育自我发展与自我建设能力，构建稳定的长效脱贫机制，防止代际传递或再度返贫。三是坚持以人民为中心，尤为关注农村落后地区脱贫，针对性出台一系列综合惠农政策，努力改善农村社会服务，提高农业综合生产能力，实现全面发展与成果民众共享。四是实施专项扶贫开发计划，动员各方力量合力脱贫，有计划、有资金、有目标地扎实推进扶贫开发工作，着力补齐社会发展短板。[②] 中国走出了一条符合自身国情的扶贫开发道路，为经济社会发展和民生改善提供科学路径和持久动力，为全球减贫事业做出了重大贡献。

云南的扶贫开发工作在发展中国家有很多可分享的经验，中国的扶贫经验也符合发展中国家的实际情况。很多发展中国家都面临着减贫和发展双重任务，而这些国家发展的状况与我国改革开放初期的情况类似。澜湄合作国家面对中国取得的巨大减贫成就，通过借鉴中国经验可以找到适合自己的发展之路。

---

①　张琦：《推动“一带一路”沿线国家绿色减贫合作》，《中国经济时报》2017 年 11 月 1 日。

②　《党领导脱贫攻坚工作的历史经验与启示》，人民网，2021 - 09 - 14，http：//politics.people.com.cn/n1/2021/0914/c1001 - 32226452.html。

第一，中国的扶贫经验有别于西方发达国家的减贫经验。发达国家在发展援助当中，其以减贫为目标的援助体系成本很高，基本上靠理论推导和专家在各国考察形成的理念。而柬埔寨和老挝等发展中国家，主动提请中国帮助其制定中长期国家减贫战略，这反映出澜湄地区国家对中国减贫成就和发展经验的认可。中国可以在这个基础上借助澜湄合作，构建一个更宽广的发展合作平台，继而通过该平台宣传中国的减贫理念的方法。第二，中国的扶贫经验符合贫困演变的规律。很多发展中国家的农村和中国改革开放初期的农村有类似之处，中国可以提供具有中国特色且符合这些国家现状的减贫经验。第三，中国的减贫模式具有普遍性、操作的可重复性。我国的减贫模式是在实践中证明的，在操作上可重复、带有普遍性的方式、方法和模式。例如，坚持以经济建设为中心，深化改革和扩大开放，坚持统筹城乡发展，实行开发式扶贫方针，推动全社会参与扶贫开发事业，坚持国际合作，等等。中国可以在剥离政治性内容的基础上，总结出一些普遍性的规律，继而为发展中国家提供借鉴，以支持澜湄合作机制下减贫事业发展。①

在开展国际扶贫合作的实践过程中，中国总结了一些具有中国特色的合作模式。一是“五轮驱动”的减贫合作模式。所谓“五轮驱动”指以研究、信息和知识分享为驱动，以培训、交流作为两个带动轮，以开展合作为引导轮，通过立体性、全方位的方式来推动扶贫交流合作。二是“四位一体”的新型发展合作模式。所谓“四位一体”就是把政策咨询、能力建设、联合研究、社区示范构成一个整体的发展合作模式。在国际减贫与发展问题上，中国可以向世界贡献自己的特殊智慧。中国对外援助不附加任何政治条件，以受援国的经济和社会发展需求为主要目的，提供多种形式的对外援助；遵循发展的规律，根据受援国和中国的比较优势，支持健康、教育、农业、能源、交通等领域的发展；

① 《亚洲政党扶贫专题会议开幕，胡锦涛向会议发来贺辞》，中央政府门户网，2010－07－17，http：//www.gov.cn/ldhd/2010－07/17/content_ 1656914.htm。

坚持平等互利、“多予少取”、共同发展；积极推动受援国的能力建设和人才培养；关注援助效果的可持续性和受援国的可持续发展；推动国际经济规则的合理化。[①] 特别是通过人力资源合作及经验交流来推动发展中国家的减贫进程，体现了中国一贯倡导的“输血不如造血”“授人以鱼不如授人以渔”的援助理念与合作精神。[②]

四　发挥当地华侨积极作用

澜湄合作机制下，云南应深入发掘当地华人华侨积极助力减贫合作的能力。李克强总理在会见第二届世界华侨华人代表时强调了华侨华人发挥联通中外、汇聚资源的独特优势。这也是因为中国是侨务资源大国，伴随国家改革开放的深入，海外侨胞数量多、分布广、素质高，东南亚地区华侨传统聚居区约有 3000 万人，他们分布在各个领域，可以全方位地搭建中外友好合作的平台。如果说云南省是面向东南亚和澜湄地区的国内媒介，那么国外华侨就是我国在国外的媒介，以此可以积极地发挥华侨在国外的资源、信息、文化交流等优势，实现双边和多边的交流，从而为减贫做出贡献。从可行性和国外华侨现实情况来看，首先，华侨占有着强大的资本，如泰国的正大集团，可以在减贫工作上提供经济和就业等方面的支持。其次，华裔高科技人才可以实现我国在国际减贫工作中的技术对接，更好地了解合作国家的现实情况，方便“对症下药”。最后，华侨华人本身虽具有一定文化特殊性，但作为中华民族的一份子，始终难以隔断同祖国的联系，爱国主义情怀和对故土的感情使得其在国际合作中可以发挥积极的作用，同时拥有多种语言能力和文化影响的华侨，很少在具体合作实施中造成误解和消极的作用。

在推进华人华侨具体参与国际减贫合作过程中，其一，可以配合国内企业和相关 NGO“走出去”，建立相关市场咨询服务、信息收集平台

---

① 周弘：《中国对外援助与改革开放 30 年》，《世界经济与政治》2008 年第 11 期。

② 罗建波：《中国模式与当代世界发展》，《国际关系学院学报》2011 年第 6 期。

等中介机构。共建共享、互联互通，开拓海外市场，使得国内可以从多方面同贫困国家和地区实现经济合作，从而使得减贫资金、人员、资源等被分配到最需要的地方去。其二，发挥中外友好铺路人的作用。一方面，借助国外华文媒体宣传传播中国减贫正能量和友好的合作理念，华侨也可以站在所在国家的角度上换位思考，来给予国内正确先进的建议。另一方面，为了让减贫合作深入进行，文化交流是必不可少的一环，华侨恰恰可以通过孔子学院来传播中国优秀的传统文化，甚至优秀的减贫文化。“圣人不利己，忧济在元元”，让减贫合作国家更加了解中国在国际减贫合作中的心愿和目标，构建文化认同。其三，华侨还可以帮助国内建立在国外减贫工作当中的智库联盟及风险预警机制，进一步加强海外侨社建设和经贸交流联络处等，安排华人华侨到澜湄合作机构中开展工作，形成智库服务双方国家，如此可以使得多方专家汇聚于此形成最合理的政策制定，也可以第一时间实现信息反馈，共商共建，防范风险。

五 借鉴国际经验

云南在参与澜湄机制下的减贫合作中，也应该把目光放在重点领域，紧跟世界潮流，对澜湄地区卫生、气候环境变化等领域提供更多支持。西方发达国家在参与国际减贫合作中，对与“千年发展目标”相关的公共卫生、气候变化等领域的援助日益突出。部门援助是近年来ODA（官方开发援助）的主要方式。在部门援助的分布中，社会公共基础设施部门成为发展援助的重要领域，而生产部门（如农业、工业和其他产业）的援助以及物品和项目援助的比例相对下降。在发展援助的具体领域分配上，发达国家已经把联合国制定的“千年发展目标”作为国际发展援助中长期的行动指南和目标，并加大了对千年发展目标所涉及领域的资金投入和项目规划，使得国际减贫合作变得兼具设计性和可持续性。在经济全球化、世界多极化的当今全球世界，参与国际减贫合作始终要站在更加宏观的角度，将世界看作一个整体。无论是

“千年发展目标”，还是中国提出构建“人类命运共同体”的设想，都是未来世界缩小贫富差距，渴求共同发展的重要指导。中国在同澜湄合作国家开展国际减贫合作时也要注意世界其他国家的反应和受影响程度。

云南在国际减贫合作中，一是执行方式需强调持续性和战略性，着眼加强受援国自身能力建设。技术援助在ODA中所占比例最大，ODA中对多边机构赠款也是援助的主要内容，而双边贷款援助比例和资金都大幅下降。同时，提高对受援国的持续性援助，增加战略规划。澜湄合作机制对于中国持续参与减贫合作提供了平台，中国也应借鉴西方国家减贫经验，在帮助发展中国家时，通过合理的输出技术和人才，以此来提高受援国的建设能力。二是对外援助合作的层次和范围需扩大。提高发展援助水平单凭一己之力难以成功，近年来发达国家对外援助合作的层次和范围不断扩大，表现在援助机构之间、受援国和新兴经济体之间、公共部门和私营部门之间充分协作，以及大量利用NGO和本地化人才等方面。发展援助立足受援国自身的发展战略，这样可以增强受援国的自主权，打消受援国的怀疑和顾虑，双方通过对ODA项目一起筛选和分析、对援助策略进行共同商讨和施行，并对援助效果开展联合评价。此外，发达国家加大了与新兴国家之间的合作，希望共同提供对其他发展中国家的援助，西方国家引入第三者的合作方式，也可以让合作更加透明化、高效化。同时，发达国家通过立法和鼓励政策，引导本国企业、NGO、智库机构和志愿者参与或配合本国政府对目标国家提供和实施援助计划，以期取得综合效益。在这一点上，中国虽然不是发达国家，但也拥有着不俗的经济实力，在国际减贫合作上也应该增加制定相关政策，让社会上多方力量参与到减贫合作当中。三是应加强自身援助机构调整协调，注重援助监督和评估。在发展援助机构管理方面，发达国家近年来做过较大的改革调整，加强了不同部门或机构之间的协调，出现集中化趋势，着力解决援助系统散乱、援助方案重叠、效益低等问题。在对外援助管理方面，发达国家越来越注重发展援助政策的制定、执行和产出的评估，设置新部门或制定新的评估政策来考察发展援助效果。越来越多的发达国家开始采用联合评估，援助国与受援国对项目进行联合评估是一种方式，不同援助国联合进行评估也是一种方式。[①] 在参与国际减贫过程中，可允许更多的发达国家参与其中，提供经验技术或是经济支持，让“第三方”来参与评估和监督减贫的过程和成效，以此避免和减少不必要的误会，打消合作双方的顾虑，实现利益最大化。

第三节 创新实施路径

一 产业合作为基础

云南应加强产业合作，打好国际减贫的产业合作基础。大多数澜湄合作国家都处于工业化初期，基础设施建设需求较强，而中国在改革开放以来基建方面积累了较为丰富的经验。在钢铁、水泥、电力、交通、造船等方面拥有先进的工业装备和剩余的产能，在基础设施领域的需求与供给具有互补性。

在澜湄合作机制中，需兼顾中国与湄公河国家经济转型的双重需求，有针对性地开展产能合作，帮助澜湄国家实现自身经济结构转型和升级。首先，坚持开发式扶贫方针，合理开发利用当地资源，积极培育特色优势产业，着力增强贫困地区自我积累、自我发展能力，既可以解决在经济发展过程中我国资源匮乏的问题，又可以为贫困国家和地区带去经济增长。其次，可以通过不同文化之间的交流合作，开拓文化产业发展，在符合绿色的发展理念的同时，增进彼此的友谊。云南作为中国民族文化丰沛的地区，可以在民族文化产业、文化旅游业、非物质文化遗产保护等多重领域同澜湄合作国家交流合作，可以通过开办艺术文化展览、文化之旅、打造原生态民族村落、影视产品出口等形式，来推动官方和民间的文化交流，以此来实现文化减贫。云南需借助辐射南亚东

① 周强、鲁新:《发达国家官方发展援助新趋势》,《国际经济合作》2011 年第 11 期。

南亚的自贸区建设契机，鼓励云南金融企业积极推动“走出去”与“引进来”的经营战略，创新金融产品与服务，如通过为贫困地区提供小额贷款，促进当地人民的创业与当地企业的发展，通过投资与资金积累，打破贫困的负面循环，达到“临界最小努力”点。探寻适合该区域发展的国际金融区域合作模式，探讨项目融资和鼓励投资机制，为基础设施建设与扶贫合作奠定较为坚实的资金基础，通过双方的共同参与，避免“搭便车”问题的产生。助力促进实现人民币投融资的市场化与国际化，为云南企业在金融市场创新发展创造良好环境。与澜湄各国通过共同采取更加有效的措施，在减少贫困问题的同时，应对国际和地区金融风险，促进澜湄机制各国经济的稳定发展。

二　人才培养为重点

云南省扶贫领域专业人才还需考虑与国际扶贫合作需求相适应，大力提升扶贫专业人才总量、结构、参与度等方面的水平。建立专家资源库，打造一支热心于国际合作扶贫事业的人才队伍。有关部门应不断增加国际扶贫合作领域的专家资源，搭建专家参与扶贫合作的平台，建立社会化、专业化的专家网络系统，充分利用科研机构、独立的社会中介力量和国际金融组织聘请专家，对申报项目的可行性和项目初步设计、深度设计进行客观评估，提高项目前期准备工作的质量；严把项目建议和可行性研究报告的论证，吸收专家参与对实施的每一个阶段进行的科学监督、监测、评估、总结。

一是着眼于国际扶贫合作的重大问题，建立专家网络，吸纳更多智库和研究机构参与国际减贫合作，提供政策咨询和建议，提出行之有效的具体措施。就云南对缅甸、老挝、柬埔寨、孟加拉国等的国际扶贫合作等选题开展调研工作。探索建立云南周边相关国家动态跟踪研究机制，关注境外国际扶贫合作项目所在地的风险预警、舆情变化等情况，准确把握局势发展态势，完善应急预案措施。二是大力培养国际扶贫合作人才。发挥高校、企业、研究机构在人才培养中的主体作用，加强与专业培训机构的合作，实行政府资助和企业培养相结合，探索专业培养与短期强化培训并重的开放型国际扶贫合作人才培养方式。在高校方面，语言是谈合作的基础，加强语言类人才、非通用语人才培养和专业型人才培养相结合是未来高校培养人才的重点方向。在企业和政府方面，强化国际扶贫合作、国际项目经营和管理人才的培养和引进，定期选送干部或经营管理业务骨干到省内外挂职锻炼或参加学习培训。通过各种优惠措施引进具有较强业务能力的外向型人才充实到相关部门，优先使用外向型干部，努力培养一支政治素质好、业务能力强、具有国际扶贫合作知识和经验的管理队伍。三是加强国际扶贫合作研究队伍的建设。牢固树立“科学技术是第一生产力”和“科研人才资源是第一资源”的观念，建立和完善国际扶贫合作研究人才培训机制，培养高素质的科研人才，把科研人才的培养经费纳入年度预算，建立科研人才发展专项资金，广泛发掘和盘活科研人才资源，并根据实际需要和有关规定进行合理调整和科学配置。对政治素质好、有发展潜力的科研后备干部人选，本着“缺什么补什么”的原则，通过轮岗交流、挂职锻炼等方式，提高其驾驭全局和处理复杂问题的实际工作能力和领导水平，建立终身教育和专家帮教指导制度，搞好岗位培训和继续教育，注重中青年骨干的培养。

三 数字减贫为手段

云南需重视“数字减贫”在国际减贫合作中的重要作用。伴随现代应用科技、互联网科技的不断发展，国际交流合作逐渐变得信息化、数字化、科学化。在国际减贫合作中数字减贫也是当今需要被普及的一种方式，通过互联网将减贫信息国际化、数字化，以科学直接的方式呈现，便于指导政策的制定和实施。

在国家宏观层面，建立信息交流与共享平台是澜湄合作机制扶贫开发的关键措施，澜湄合作机制参与方应该在保障国家安全的前提下实现信息交流的畅通。例如，可以开展贫困信息调研，建立统一的减贫数据库和项目库，找出贫困人口和导致贫困的原因，动态监控贫困状况，甄别扶贫目标群体，综合分析贫困产生的社会经济等状况，并在此基础上制定项目指导手册，[①] 实现扶贫的机制化和精准化。云南也可以利用自身的扶贫经验优势，与当地的社会组织进行合作，建设经验交流平台。通过信息平台，了解澜湄国家在扶贫领域的需求和云南在澜湄机制中可以提供的公共产品，实现供给信息与需求信息的交流与匹配，从而可以降低信息收集的成本。在澜湄流域安全共同体的建设中，云南也可发挥优势，充当机制内各国的信息交流桥梁作用，助力保障机制内部各国的政治安全，以及消除澜湄机制各国之间的误会与冲突，从而保障澜湄合作机制的高效运行。云南可充分借鉴信息化精准扶贫经验，助力澜湄国家减贫合作。从社会微观角度来看，数字减贫可以通过投资教育来实施。将数字减贫应用到教育领域，是澜湄国家亟须同中国交流合作的一大方向。云南省在发展边疆贫困地区教育时积累了丰富的经验，通过信息化分析精准扶贫和建设希望小学，加强对边远地区学校硬件的改造升级以及资金和人才的引进，来使教育逐渐走向公平化、平等化，惠及更多青少年。

四　完善后期保障

当前，在澜湄机制下云南参与国际减贫合作，应该充分考虑合作国的实际情况，制定切实可行的减贫阶段性目标。通过建立与完善减贫合作机制，建立专门的扶贫合作机构，完善信息档案库，建立减贫经验交流、减贫基金、人才培养等多样化合作平台，制定澜湄扶贫合作规划的行动纲要，制定相关的政策规章，选定进行合作的重点区域和重点领域，关注前期收获，实施首批扶贫合作项目，为之后的合作形成示范作用。其后，可以进一步关注扶贫制度的完善，实现扶贫合作的长期化与

---

① 罗圣荣、叶国华：《澜湄合作机制下的国家减贫合作》，《大湄公河次区域合作发展报告（2016）》，社会科学文献出版社 2016 年版，第 76 页。

制度化。同时注重实行产业化合作战略，注重培育当地的特色产业和本土企业与 NGO 等扶贫力量。就远期目标而言，以联合国《2030 年可持续发展议程》为基础，形成三个国际示范机制，即生态保护和开发的成熟国际合作机制、运转高效的灾害救援机制、澜沧江—湄公河水资源共享和分配机制①，完成澜湄合作地区扶贫开发机制与制度建设的工作。

此外，加强国际宣传，塑造良好的中国形象，从而把减贫合作推向更多的国家和地区，维护稳定的澜湄机制下的减贫合作。云南在开展国际扶贫合作时，要坚持和维护中国国际扶贫合作的优势和成效，提升国际话语权，在国际话语场合声张说明中国国际扶贫合作对受援国的积极意义，并对西方国家的无端指责给予有理有节的回应，对西方传统援助模式的缺陷，尤其是其强行推行民主导致受援国陷入政治动荡等弊端做出应有的批评。同时，公众支持也是后期减贫合作的保障。通过多种方式宣传国际扶贫合作，可增强社会各界对国际扶贫合作的认同感，提高公众意识及公众支持，为长久的减贫合作提供群众基础。

云南在开展国际扶贫合作过程中，需不断拓宽对外宣传渠道，重点突出云南在助力澜湄国家基础设施建设、公共服务提升、民生改善、机构能力建设、经验分享及技术援助与咨询等方面的减贫成效。以“南博会”“自贸区”等重大活动和建设项目为载体，依托境内外主流媒体开展对外宣传，重点报道与云南开展国际扶贫合作的成就。借助“走出去”“请进来”高访团组开展对外宣传，利用外宣窗口并善用新媒介开展对外宣传，精心制作宣传品开展外宣，不断扩大云南国际扶贫合作的对外影响。充分发挥省、市党委对外宣传领导小组的作用，加强统筹协调，整合外宣资源，坚持“突出亮点、体现特色、展示形象、注重实效”原则，切实抓好国际扶贫合作的外宣工作。建立省政府新闻办

① 罗圣荣、叶国华：《澜湄合作机制下的国家减贫合作》，《大湄公河次区域合作发展报告（2016）》，社会科学文献出版社 2016 年版，第 77 页。

与境内外媒体联系合作机制，加强与境内外主流媒体的交流合作。

第四节　加强减贫成效评估

一　统一减贫成效评估标准

云南在参与国际减贫合作的具体工作时，应明确评估的功能定位，加强制度化建设，注重经验教训的总结来不断调整减贫评估的标准。在评估方面，引入专业评价机构与专家参与，制定和逐步完善国际扶贫项目评估标准，特别是针对国际扶贫合作项目建立后评价制度，提高合作项目的扶贫效益，杜绝扶贫资源的浪费，为进一步开展扶贫项目提供参考。在评估原则上，可以根据发展援助委员会（DAC）的评估原则来结合实际加以修改，秉承相关性、成效、效率、影响和可持续性的原则。①

建立与我国减贫理念相适应的评估体系，发挥我国优势，以期促进同澜湄机制下减贫合作国家实现共同发展。一是效率性。指的是效益评价体系必须保证指标项可以反映出减贫资金投向各领域的输入和输出、各种减贫资金的贡献率等。二是综合性。指的是扶贫效益评价体系的构建，不仅需要经济意义上的环境评价，更需要在广泛的社会文化、地理环境、民族团结、社会方式变迁等非经济范围内予以平衡。既要对直接效益进行评估，也需要对时间影响进行权衡，即一套完整的、科学的评价体系和指标体系应遵循多目标综合评价原则，应能够综合反映出云南周边国家贫困地区扶贫行动的方方面面。三是动态性。指的是贫困地区减贫效益评价体系应具有克服系统弊病的功能，应随着社会经济发展变化而不断地调整、修正，其指标体系的确立必须能够动态测量贫困变动的全过程。四是地域性。指能够反映出区域重点目标与偏好，做到因地制宜。五是国民性。指的是效益评价指标必须能够反映出云南周边国家

---

① 左常升主编：《国际发展援助理论与实践》，社会科学文献出版社 2015 年版，第 82—84 页。

项目所在地民众的价值导向、财富衡量标准与反贫困需求等。六是人文关怀。指的是贫困地区的减贫行动并非强者对弱者的恩赐，它需要社会弱者的主动参与和发挥潜能，因此其效益评价体系必须具备反映减贫合作行动之于贫困地区人口的心理培育情况与妇女群体生存与发展变化的功能，即指标体系构建应包含贫困地区人口对于减贫活动及其结果满意度方面的内容。七是可行性。指的是减贫效益评估体系的指标设置，应该具有可采用定量数值或先用定性语言描述再将其转化为定量数值的功能，即评价指标的选取需要保证数据的可得性和准确性。

二　完善减贫成效评估机制

云南需重视充分参与澜湄合作扶贫机制制度化建设，注重国际减贫合作经验教训的总结，评估与管理工作密切结合。面对评估机制分析实施中遇到的问题，坚持与调研工作相结合，实现减贫利益的共享性与风险的共担性，提高机制的可持续运行能力。通过建立科学化的机制促进澜湄国家之间的减贫开发，这些机制主要包括协调机制、监督与仲裁机制和绩效评估机制。[①] 建立协调机制，可以协调各国在澜湄合作扶贫中的集体行动，减少集体行动中的信息成本与交易成本，提高扶贫合作的效率。建立监督与仲裁机制，可以在澜湄合作扶贫机制中形成“集体安全”效应，机制内成员可以通过监督与仲裁手段减少不作为成员或者对部分成员的不作为进行惩罚，从而减少“搭便车”现象的产生，使得机制成员共同决定的措施得到有效落实。建立绩效评估机制，引入专业的评估机构，制定和完善扶贫项目评价的标准和指标，评价体系的建立应该符合效率性、综合性、动态性、地域性、民族性、人文关怀、可行性等方面的要求，[②] 对减贫合作的成效进行质量监督与控制。目前，

---

① 左常升主编：《国际发展援助理论与实践》，社会科学文献出版社 2015 年版，第 84—86 页。

② 罗圣荣、叶国华：《澜湄合作机制下的国家减贫合作》，《大湄公河次区域合作发展报告（2016）》，社会科学文献出版社 2016 年版，第 77 页。

学界及智库对于发达国家对外援助的批评，集中于发达国家过于关注援助金额，而没有对援助效果进行监控，造成大量援助资金的浪费方面。因而，在澜湄机制中，云南应重视对扶贫开发的效果进行评估，根据政策效果与当地实际，及时调整合作政策，提高减贫开发的效率。同时，设立专门的评估预算，进行专题评估，培育专门化、市场化评估人员，建设减贫合作评估团队等，实现公开化以及奖惩相结合，形成传阅制度。

三　建立外部监督机制

云南需考虑合理利用国际扶贫合作中的外部资金使用监督机制，回击西方的相关污名化质疑。在澜湄扶贫合作中，区域各国的财力增长难以满足扶贫的资金需要，因而，参与各国应该重视拓展资金来源，实现资金渠道的多元化。在资金监督方面，国际扶贫项目的资金和活动方面须在云南周边国家当地政府的监管下进行，使国际扶贫项目真正能够达到帮助云南周边国家穷人获得发展的目的。一是建立并强化扶贫资金监管，研究提出完善和强化资金监管的具体意见。二是进一步规范专项扶贫合作资金管理，完善使用和监督机制。三是积极探索资金绩效考评与国际扶贫合作工作考核相结合的有效途径。

云南在参与澜湄扶贫合作机制中，应该注意防范西方域外大国利用澜湄扶贫合作的资金问题对中国参与澜湄扶贫合作进行打击。在资金管理中，可通过发布年度报告的形式公开扶贫资金的流向。一方面督促资金的使用者合理使用，提高资金的利用效率；另一方面也可以提高资金使用的透明度，提升减贫合作的国际公信力。

参考文献

一　中文文献

（一）专著、编著、论文集

毕世鸿等：《区域外大国参与湄公河地区合作策略的调整》，中国社会科学出版社 2019 年版。

丁忠兰：《云南民族地区扶贫模式研究》，中国农业科学技术出版社 2012 年版。

复旦大学中国与周边国家关系研究中心主编：《中国周边外交学刊 2016 年第二辑（总第四辑）》，社会科学文献出版社 2018 年版。

韩彩珍：《东北亚地区合作的制度分析》，中国经济出版社 2008 年版。

黄河、张芳、黄吴等：《治理、发展与安全：新时代背景下中国与全球经济治理》，上海交通大学出版社 2019 年版。

金珍：《澜湄次区域合作：演进与发展》，中国社会科学出版社 2021 年版。

李向阳主编：《亚太地区发展报告》，社会科学文献出版社 2011—2016 年版。

李义敢、毛义强：《滇沪联合参加澜沧江—湄公河次区域合作研究》，云南民族出版社 2001 年版。

李义敢、唐新义、李平等：《大西南联合参与澜沧江—湄公河次区域合作开发研究》，云南民族出版社 2001 年版。

梁英明、梁志明等：《近现代东南亚（1511—1992）》，北京大学出版社

1994 年版。
林文勋、郑永年：《澜湄合作新机遇与中国—东盟关系新篇章：第七届西南论坛暨澜湄合作智库论坛论文集》，社会科学文献出版社 2017 年版。
刘金鑫：《澜沧江—湄公河次区域合作研究报告》，云南大学出版社 2016 年版。
刘少杰：《后现代西方社会学理论》，社会科学文献出版社 2002 年版。
刘雅主编：《大湄公河次区域合作发展报告（2016）》，社会科学文献出版社 2016 年版。
刘稚、卢光盛主编：《澜湄合作蓝皮书：澜沧江—湄公河合作发展报告（2017）》，社会科学文献出版社 2017 年版。
刘稚、卢光盛主编：《澜湄合作蓝皮书：澜沧江—湄公河合作发展报告（2018）》，社会科学文献出版社 2018 年版。
刘稚、卢光盛主编：《澜湄合作蓝皮书：澜沧江—湄公河合作发展报告（2019）》，社会科学文献出版社 2019 年版。
刘稚、卢光盛主编：《澜湄合作蓝皮书：澜沧江—湄公河合作发展报告（2020）》，社会科学文献出版社 2021 年版。
卢光盛、段涛、金珍：《澜湄合作的方向、路径与云南的参与》，社会科学文献出版社 2018 年版。
卢光盛：《中国和大陆东南亚国家经济关系研究》，社会科学文献出版社 2014 年版。
王洪涛、凌静怡：《国际减贫视域下中国与澜湄国家减贫合作研究》，西南财经大学出版社 2020 年版。
魏景赋、邱成利：《大湄公河次区域经济研究——GMS 机制内的产业与贸易合作》，文汇出版社 2010 年版。
武拉平等：《贸易自由化与减贫——基于中国和东盟国家的实证研究》，中国农业出版社 2011 年版。
许树华编著：《云南农村贫困问题研究》，云南科技出版社 2012 年版。
《越南共产党第八次全国代表大会文件》，真理出版社 1991 年版。

《越南共产党第十次全国代表大会文件》，国家政治出版社 2006 年版。

张惠君、欧志明：《国际组织在云南扶贫的实践与影响》，云南人民出版社 2012 年版。

张磊、樊胜根主编：《新千年减贫战略：问题、经验与教训》，中国财政经济出版社 2007 年版。

赵曦：《中国西部农村反贫困战略研究》，人民出版社 2000 年版。

中国国际扶贫中心、联合国开发计划署驻华代表处编：《国际减贫与发展论坛集萃（2007—2011）》，社会科学文献出版社 2013 年版。

中国社会科学院国家全球战略智库、国家开发银行研究院：《国际减贫合作：构建人类命运共同体（上、下册）》，社会科学文献出版社 2019 年版。

左常升主编：《国际发展援助理论与实践》，社会科学文献出版社 2015 年版。

左常升主编：《世界各国减贫概要（第 1 辑）》，社会科学文献出版社 2013 年版。

左常升主编：《世界各国减贫概要（第 2 辑）》，社会科学文献出版社 2018 年版。

（二）期刊

毕世鸿：《机制拥堵还是大国协调——区域外大国与湄公河地区开发合作》，《国际安全研究》2013 年第 2 期。

毕世鸿：《日本对湄公河地区经济合作的援助政策》，《东南亚》2007 年第 2 期。

陈格、汪羽宁、韦幂、黄智、曾媛、温国泉：《泰国农业发展现状与中泰农业科技合作分析》，《广西财经学院学报》2019 年第 3 期。

陈浩：《柬埔寨独立初期经济现代化研究》，《合作经济与科技》2019 年第 8 期。

陈江：《中国对“一带一路”沿线国家直接投资的减贫效应分析》，《河南科技大学学报》（社会科学版）2020 年第 6 期。

陈利君：《云南省加快建设面向南亚东南亚辐射中心的对策思考》，《昆明理工大学学报》（社会科学版）2015 年第 6 期。

陈松涛：《论柬埔寨贫困问题》，《社科纵横》（新理论版）2008 年第 3 期。

春花：《老挝经济发展与贫困的关系》，《东方企业文化》2011 年第 8 期。

刀书林：《“黄金四角”计划及其发展前景》，《现代国际关系》1994 年第 5 期。

《东亚减贫示范合作项目启动》，《经济》2017 年第 1 期。

范敏：《东南亚国家人口红利兑现分析及启示》，《亚太经济》2016 年第 6 期。

冯岩、王颖、苏园芳：《缅甸农业种植的主要作物分析》，《营销界（农资与市场）》2018 年第 22 期。

韩宝徽：《关于城乡社会保障一体化的文献综述》，《智库时代》2019 年第 32 期。

何火萍：《冷战后日本与东南亚合作的地缘政治思考》，《湖北经济学院学报》2009 年第 1 期。

黄河、杨海燕：《区域性公共产品与澜湄合作机制》，《深圳大学学报》（人文社会科学版）2017 年第 1 期。

黄世贤：《从收入分配角度看中国的贫困问题》，《中央社会主义学院学报》2005 年第 1 期。

姜安印、郑博文：《中国开发性金融经验在一带一路建设中的互鉴性》，《中国流通经济》2016 年第 11 期。

鞠海龙、邵先成：《中国—东盟减贫合作：特点及深化途径》，《国际问题研究》2015 年第 4 期。

鞠晓颖、叶素云：《非政府组织参与“一带一路”倡议的作用探讨》，《发展研究》2018 年第 2 期。

雷望红、张丹丹：《区域性贫困治理的道路选择——国家、农民与市场关系的视角》，《山西农业大学学报》（社会科学版）2018 年第 5 期。

李家成、李曾桃子:《澜湄合作机制框架下的湄公河次区域减贫问题研究》,《中国—东盟研究》2019 年第 3 期。

李洋、施孝活:《“一带一路”倡议下中国与东南亚国家农业合作前景》,《农业展望》2018 年第 5 期。

李永春:《试析韩国的湄公河开发战略》,《东南亚研究》2013 年第 6 期。

李志东:《泰国的人口现代化与人力资源开发》,《东南亚纵横》1998 年第 3 期。

梁凡、朱玉春:《农户贫困脆弱性与人力资本特征》,《华南农业大学学报》(社会科学版)2018 年第 2 期。

梁婧:《柬埔寨教育研究综述》,《荆楚学术》2017 年第 2 期。

凌胜利:《“一带一路”战略与周边地缘重塑》,《国际关系研究》2016 年第 1 期。

刘猛:《减贫合作与中国—东盟命运共同体的构建》,《攀登》2017 年第 4 期。

刘稚、徐秀良:《“一带一路”背景下澜湄合作的定位及发展》,《云南大学学报》2017 年第 16 期。

卢光盛、金珍:《“澜湄合作机制”建设:原因、困难与路径》,《战略决策研究》2016 年第 3 期。

罗建波:《中国模式与当代世界发展》,《国际关系学院学报》2011 年第 6 期。

罗圣荣:《澜湄次区域国际减贫合作的现状、问题与思考》,《深圳大学学报》(人文社会科学版)2017 年第 3 期。

罗圣荣、杨飞:《国际机制的重叠现象及其影响与启示——以湄公河地区的国际合作机制为例》,《太平洋学报》2018 年第 10 期。

罗杨:《柬埔寨“红色高棉”战后华商经济复兴的人类学分析》,《华侨华人历史研究》2018 年第 4 期。

《缅甸投资指南》,《商业观察》2019 年第 3 期。

漆畅青、何帆:《亚洲国家城市化的发展及其面临的挑战》,《世界经济与政治》2004 年第 11 期。

饶本忠：《东南亚城市一极化现象初探》，《东南亚纵横》2004 年第 1 期。

任佳：《云南“十二五”时期经济发展面临的机遇、挑战与对策》，《云南社会科学》2011 年第 6 期。

任娜：《美国介入大湄公河次区域与中国的应对》，《东岳论丛》2014 年第 12 期。

阮国越：《越南农业机械化的现状与前瞻》，《农机市场》2019 年第 5 期。

阮思阳、李宇薇：《澜沧江—湄公河国际水运通道建设研究》，《广西社会科学》2016 年第 6 期。

阮宗泽：《中国需要构建怎样的周边》，《国际问题研究》2014 年第 2 期。

斯日吉模楞：《城市化过程中城市土地扩张与经济增长关系研究》，《财经理论研究》2019 年第 4 期。

孙宏伟：《简论“一带一路”与老挝社会经济的发展》，《环渤海经济瞭望》2018 年第 11 期。

孙丽娟、宫开庭：《越南医疗卫生体制发展与改革概述》，《中国卫生经济》2015 年第 9 期。

覃志敏：《中国—东盟减贫合作：现实基础、实施机制及发展趋势》，《广西社会科学》2017 年第 3 期。

田园、蒋轩、王铮：《中国集中连片特困区贫困成因的地理学分析》，《中国农业大学学报》（社会科学版）2018 年第 5 期。

万秀丽、刘登辉：《“一带一路”建设中推动沿线国家减贫面临的挑战及对策》，《广西社会科学》2020 年第 7 期。

汪三贵：《扶贫体制改革的未来方向》，《人民论坛》2011 年第 36 期。

王超群、颜明芬、陶丽丽：《全民医疗保险制度建设：泰国的经验与教训》，《社会政策研究》2018 年第 2 期。

王静：《浅析缅甸自然资源开发中存在的问题及对策》，《纳税》2018 年第 23 期。

王勤：《当代东南亚经济的发展进程与格局变化》，《厦门大学学报》（哲学社会科学版）2013 年第 1 期。

王勤：《东南亚国家产业结构的演进及其特征》，《南洋问题研究》2014 年第 3 期。

王微、周弘：《论国际援助功能的变化和全球发展》，《山东社会科学》2018 年第 1 期。

王卫：《缅甸军政府的转型及其前景展望》，《东南亚研究》2012 年第 4 期。

王蔚、朱慧博：《简析改革开放以来中国的对外援助》，《毛泽东邓小平理论研究》2008 年第 8 期。

王晓云：《“一带一路”视角下国际减贫合作机制研究——以中非减贫事业为例》，《未来与发展》2018 年第 11 期。

王耀华、宁龙堂：《中国助力老挝减贫研究》，《中国集体经济》2018 年第 3 期。

王志章、郝立：《中国与东盟反贫困合作路径研究》，《广西社会科学》2017 年第 1 期。

韦红：《战后东南亚经济开发引发民族冲突诸因素分析》，《世界历史》2001 年第 6 期。

许竹青、毕亮亮：《加强“一带一路”科技扶贫，推动沿线国家减贫发展》，《科技中国》2018 年第 8 期。

杨德荣、曾志伟、周龙：《缅甸农业发展现状分析》，《营销界（农资与市场)》2018 年第 22 期。

杨胜兰：《中国东盟减贫合作：现状、挑战与前景思考——基于 2030 年可持续发展议程的视角》，《中共济南市委党校学报》2018 年第 6 期。

曾鸣：《“一带一路”战略下看中国与东南亚电力合作》，《中国电力企业管理》2015 年第 23 期。

展阳：《老挝向市场经济转型的现状与策略问题分析》，《绿色科技》2018 年第 12 期。

张春：《东盟落实联合国 2030 年可持续发展议程减贫目标分析》，《东南亚纵横》2018 年第 4 期。

张海霞、庄天慧、杨帆：《建构主义视角下中国—柬埔寨合作减贫：回顾与展望》，《广西社会科学》2018 年第 9 期。

张继业、钮菊生：《试析安倍政府的湄公河次区域开发援助战略》，《现代国际关系》2016 年第 3 期。

张琦、冯丹萌：《推动“一带一路”沿线国家绿色减贫合作》，《锦绣》2017 年第 9 期。

章远：《东盟在区域族裔宗教问题治理中的角色拓展》，《世界民族》2015 年第 1 期。

赵九州：《试析东盟一体化进程中共同意志的缺失》，《法制与经济（下旬刊）》2009 年第 3 期。

赵敏：《浅析英国在印度与缅甸殖民政策的异同》，《荆楚学术》2017 年第 3 期。

郑国富：《“澜湄合作”背景下中国与湄公河流域国家农产品贸易合作的路径优化与前景》，《对外经贸实务》2018 年第 4 期。

周弘：《中国对外援助与改革开放 30 年》，《世界经济与政治》2008 年第 11 期。

周强、鲁新：《发达国家官方发展援助新趋势》，《国际经济合作》2011 年第 11 期。

（三）报纸

邵建平：《发挥“澜湄机制”主体省份作用 服务和融入“一带一路”建设》，《云南日报》2016 年 6 月 22 日。

燕纯纯：《中国扶贫开发成为世界典范》，《人民日报》（海外版）2007 年 11 月 21 日。

《主动服务和融入国家发展战略　建设面向南亚东南亚辐射中心》，《云南日报》2015 年 3 月 9 日。

（四）学位论文

陈锋：《企业社会责任与减缓贫困》，博士学位论文，中国社会科学院研究生院，2010 年。

蒋玉山：《越南贫困与反贫困研究》，硕士学位论文，广西民族大学，2008 年。

金龙：《老挝与中国农业经济合作发展研究》，硕士学位论文，云南师范大学，2018 年。

吕怀玉：《边疆民族地区减贫战略研究》，博士学位论文，云南大学，2013 年。

苏力丰（Soulifoun Bounmyxay）：《老挝国家的贫困问题与反贫困对策研究》，硕士学位论文，广西大学，2015 年。

孙春莲：《泰国社会保障制度研究》，硕士学位论文，云南大学，2013 年。

汪为：《农村家庭多维贫困动态性研究》，博士学位论文，中南财经政法大学，2018 年。

魏凌：《农户生计脆弱性及影响因素研究》，硕士学位论文，河南财经政法大学，2017 年。

徐婷：《拉美新兴市场国家“发展极”减贫模式研究》，硕士学位论文，中南民族大学，2015 年。

于砼：《话语政治视域下的“湄公河下游行动计划”研究》，硕士学位论文，东北师范大学，2016 年。

二 英文文献

“Cambodia Development Resource Institute”, *Assessing China's Impact on Poverty Reduction in the Greater Mekong Subregion: The Case of Cambodia*, 2013.

Jeon, Un – Seong, “ODA and International Coopertion for Poverty Reduction in The Great Mekong Subregion – Focused on the case in Laos”, *Korean Jounal of Agricultural History*, Vol. 6, No. 1, 2007.

Le – Le Zou, Yi – Ming Wei, “Driving Factors for Social Vulnerability to Coastal Hazards in Southeast Asia: Results from the Meta – Analysis”, *Nat-*

ural Hazards, Vol. 54, No. 3, 2010.

Raitzer, D. A., and M. K. Maredia, "Analysis of Agricultural Research Investment Priorities for Sustainable Poverty Reduction in Southeast Asia", *Food Policy*, Vol. 37, No. 4, 2012.

Thein Lwin, "Global Justice, National Education and Local Realities in Myanmar: A Civil Society Perspective", *Asia Pacific Education Review*, Vol. 20, No. 2, 2019.

三 电子文献

CIRDAP "第 33 次技术合作会议", https://cirdap.org/wp-content/uploads/2018/05/Myanmar_ TC34_ Presentation.pdf。

Doung Bosba, "Dynamics of Cooperation Mechanisms in the Mekong", *Khmer Times*, October 23, 2018, https://www.khmertimeskh.com/543025/dynamics-of-cooperation-mechanisms-in-the-mekong/.

"Foreign Aid Explorer: The Official Record of U.S. Foreign Aid", https://explorer.usaid.gov/index.html, 2017-06-03.

"Greater Mekong Subregion Secretariat: Overview of the Greater Mekong Subregion Economic Cooperation Program", https://greatermekong.org/overview.

IFFI 国际财经中心:《世行:老挝经济前景向好 政府应加大减贫力度》, http://iefi.mof.gov.cn/pdlb/dbjgzz/201605/t20160527_ 2041730.html。

Ministry of External Affairs, "Government of India: About Mekong-Ganga Cooperation (MGC)", 30th 3, 2017, https://www.mea.gov.in/asean-india/about-mgc.htm.

Nguen xuan Mai, "Urban Poverty in Vietnam and Subjects of the Povwrty Reduction Process". www.idegojp/English/Publish/Books/Asedp/pdf/073_cap6.pdf. http://www.tapchicongsan.org.vn/details.asp? Object=14331554&news_ ID=22335651.

"State Department Facts on U. S. Assistance to Burma", 2014 - 08 - 09, http: //iipdigital. usembassy. gov/st/chinese/texttrans/2014/08/20140811305403. html? CP. rss = true#axzz3d1HsEnna.

"The Lower Mekong Initiative: The Lower Mekong Initiative (LMI)", https: //www. lowermekong. org/about/lower - mekong - initiative - lmi.

YFAO:《加强国际减贫交流合作 共促全球减贫事业发展》，2017 - 10 - 09，http://www. yfao. gov. cn/yjsjd/201710/t20171009_ 616947. html。

彼得·乔德里:《少数民族发展》(2012 年“减贫与发展高层论坛—包容性发展与减贫”背景报告之一)，http://www. iprcc. org. cn/Home/Index/skip/cid/2450. html。

《亚洲开发银行加强对东盟援助 意在推动东盟地区发展》，《财经时报》，2019 - 05，https://www. businesstimeschina. com. cn/amp - articles - 212118 - 20190505 - w1125e1083t9394. html? article_ id = 212118&date = 20190505&keyword = w1125e1083t9394。

《云南面向南亚东南亚辐射中心建设成效显著 中老铁路预计今年内建成通车》，《春城晚报数字报纸》，2021 - 04 - 30，http://ccwb. yunnan. cn/html/2021 - 04/30/content_ 1412320. htm。

《第 10 届湄公河—恒河外交部长会议》，越南人民报网，2019 - 08 - 02，https://cn. nhandan. com. vn/international/international _ news/item/7173701 - 第 10 届湄公河 - 恒河外交部长会议. html。

《高层论坛 | 东盟各国：从国情出发，获取减贫“真经”——社会发展与减贫论坛侧记》，2019 - 07 - 05，中国 - 东盟博览会秘书处，http://wap. caexpo. org/index. php? m = content&c = index&a = show& cid = 119&catid = 20&id = 235931。

《云南省经济社会发展总体平稳稳中向好》，光明网，https://baijiahao. baidu. com/s? id = 1612381277224075554&wfr = spider&for = pc。

《国际观察：缅甸为何对美国说“不”》，国际在线，2008 - 05 - 09，http://gb. cri. cn/19224/2008/05/09/145@2051729. htm。

《澜沧江—湄公河综合执法安全合作中心启动运行》，国务院新闻办公室网站，2017－12－28，http：//www. scio. gov. cn/31773/35507/35510/35524/Document/1614426/1614426. htm。

柬埔寨农业部官网，http：//www. maff. gov. kh。

《中国大力援助柬埔寨道路桥梁建设》，柬埔寨天空网，2015－03－13，http：//www. cambodiasky. com/news/shxw/4666. html。

《柬越老三国友好·共同发展三角区》，《柬埔寨星洲日报》，2018－09－15，http：//www. 52hrtt. com/webservicepage_ getInformationPage. do? id＝G1536737011387&areaId＝27&languageId＝1&flag＝1。

景洪市发展改革和工业信息化局：《国家发展改革委关于支持云南省加快建设面向南亚东南亚辐射中心的政策措施》，2019－02－15，https：//jhsfgj. jhs. gov. cn/238. news. detail. dhtml? news_ id＝3636。

《澜沧江—湄公河合作五年行动计划》，澜沧江—湄公河合作网，2018－01－11，http：//www. lmcchina. org/zywj/t1524906. htm。

老挝教育部官网，http：//www. moe. gov. la/。

联合国教科文组织，https：//en. unesco. org/。

联合国开发计划署 老挝办公室（UNDP Laos），https：//www. la. undp. org/content/lao_ pdr/en/home/library/poverty/NGPES. html。

联合国开发计划署 越南办公室（UNDP Viet Nam），https：//www. vn. undp. org/content/vietnam/en/home/sustainable－development. html。

刘稚：《“澜湄合作”将为云南带来大机遇》，中国女性网，http：//paper. wgcmw. com/content/2016－11/17/033422. html。

缅甸，国家经济和社会发展委员会，发展评估部，http：//www. mnped. gov. mm/。

《习近平在广西考察时强调 解放思想深化改革凝心聚力担当实干 建设新时代中国特色社会主义壮美广西》，求是网，2021－04－27，http：//www. qstheory. cn/yaowen/2021－04/27/c_ 1127382839. htm。

《云南：建面向南亚东南亚辐射中心》，人民网，2015－03－09，http：//

politics. people. com. cn/n/2015/0309/c70731 -26660212. html。

《云南与湄公河国家 5 年合作成果丰硕》，人民网，2021 - 03 - 24，http：//yn. people. com. cn/n2/2021/0324/c378439 -34637782. html。

《中国减贫成功经验值得学习》，人民网，2018 - 07 - 02，http：//ydyl. people. com. cn/n1/2018/0702/c411837 -30099078. html。

商务部国际贸易经济合作研究院等：《对外投资合作国别（地区）指南老挝》（2014 年版），走出去公共服务平台，http：//fec. mofcom. gov. cn/article/gbdqzn/。

石岩：《东盟一体化：尴尬中寻解》，《欧洲时报》2016 - 02 - 19，http：//www. oushinet. com/news/eiec/20160219/221721. html。

世界粮农组织官网，http：//www. fao. org/。

世界宣明会：《澜湄民间组织着眼扶贫与社会发展》，2018 - 11 - 23，http：//www. worldvision. org. cn/cn/wedo - detail？project_ id =38&wedo_ category_ id =30。

《云南能源产业新王加冕！力压烟草，400 亿打造最强“水电军”》，搜狐网，2021 -01 -15，https：//www. sohu. com/a/444677077_ 120045242。

唐丽霞：《越南的转型与减贫 贫困发生率快速下降》，中国扶贫在线，http：//f. china. com. cn/2019 -04/19/content_ 74700351. htm。

《李克强在大湄公河次区域经济合作第五次领导人会议开幕式上的讲话》，新华网，2014 - 12 - 20，http：//www. xinhuanet. com/world/2014 - 12/20/c_ 1113717408. htm。

印度尼西亚研究：《第 12 次共享政策对话：东盟、欧盟继续支持该地区高等教育国际化》，2021 - 07 - 20，http：//cistudy. ccnu. edu. cn/info/1126/13535. htm。

《越南多维贫困报告：各地区和民族人群之间的贫困率差距较大》，越通社，2018 - 12，https：//vnanet. vn/zh/tin - anh/。

《越南 53 个少数民族经济社会发展情况调研结果揭晓》，越通社，2019 - 07，https：//vnanet. vn/zh/tin - anh/。

《世行向越南提供 1.53 亿美元贷款 协助越南实施扶贫计划》，《越南画报》，2017-06-30，https：//vietnam.vnanet.vn/chinese.html。

《JCC CLV DTA 会议框架下的高级官员会议在柬埔寨开幕》，越南人民报网，2019-03-09，https：//cn.nhandan.com.vn/international/item/6836701-jcc-clv-dta.html。

《越南可持续减贫实现千年发展目标》，越通社，2016-11-01，https：//zh.vietnamplus.vn/越南可持续减贫实现千年发展目标/57362.vnp。

《深入学习贯彻习近平总书记考察云南重要讲话精神为推动云南高质量跨越式发展提供坚强组织保证》，云南理论网，2020-05-04，http：//llw.yunnan.cn/system/2020/05/14/030674190.shtml。

《新时代新气象新作为　澜湄减贫合作稳步推进》，《云南日报》2018 年第 3 期，https：//www.kunming.cn/news/c/2018-03-22/5022843.shtml。

云南省扶贫办：《第三届中国贫困地区可持续发展战略论坛（材料汇编）》，2011-02-11，http：//www.ynfp.cn/zcfg_ show.asp？zcfgid=95。

云南省人民政府扶贫开发办公室：《陈豪主持召开脱贫摘帽县党委书记座谈会：攻坚不停步》，2019-05-27，http：//ynfp.yn.gov.cn/f/view-8-cc92ba926afe411eba0bcae17d6d1fd4.html。

云南省人民政府：《旅游资源》，http：//www.yn.gov.cn/yn_ tzyn/yn_ tzhj/201805/t20180529_ 32701.html。

《能源资源》，云南省人民政府网，http：//www.yn.gov.cn/yn_ tzyn/yn_ tzhj/201805/t20180529_ 32700.html。

云南省社会科学院：《卢光盛：深入推进澜湄合作机制 共建澜湄国家命运共同体》，2018-07-30，http：//www.sky.yn.gov.cn/ztzl/zg-nyzklt/zgsd/3540777381321160488。

中共中央党校报刊社调研组：《努力形成扶贫开发的强大合力一对云南省的调研》，中国党政干部论坛，2011 年 1 月。

《中国—东盟社会发展与减贫论坛在柬埔寨举行聚焦创新扶贫》，http：//

cn. chinagate. cn/news/2017 -07/25/content_ 41281117. htm。

《柬埔寨减贫道路和中国一样吗?》，中国发展门户网，http：//cn. chinagate. cn/news/2019 -01/10/content_ 74359562. htm。

《云南省 2018 年政府工作报告》，中国发展网，http：//special. chinadevelopment. com. cn/2018zt/2018lh/zck/2018/02/1237321. shtml。

《云南省主要领导干部学习贯彻党的十九届四中全会和习近平总书记考察云南重要讲话精神研讨班开班 陈豪作开班动员暨主题报告》，中国共产党新闻网，2020 -07 -23，http：//cpc. people. com. cn/n1/2020/0723/c117005 -31795016. html。

中国国际扶贫中心：《第八届“东盟 +3 村官交流项目”在云南西双版纳开幕》，2019 -05 -06，http：//www. iprcc. org. cn/Home/Index/skip/cid/5412. html。

中国国际扶贫中心：《东亚减贫示范合作技术援助项目实施推进会在云南昆明召开》，2018 -03 -27，http：//www. iprcc. org. cn/Home/Index/skip/cid/5196. html。

中国国际扶贫中心：《澜湄减贫合作研讨会在昆明召开》，2018 -03 -26，http：//www. iprcc. org. cn/Home/Index/skip/cid/5195. html。

中国减贫研究数据库：《中国减贫与发展》，2018 -02，http：//www. jianpincn. com/zgjpsjk/jpjxs/599756. html。

中国商务部：《日本承诺拨款 74 亿美元开发湄公河流域基础设施》，http：//www. mofcom. gov. cn/aarticle/i/jyjl/j/201204/20120408084844. html。

《观察：法国、巴西、泰国如何解决贫困问题?》，中国经济网，2018 -01 -09，http：//tuopin. ce. cn/news/201801/09/t20180109_ 27641620. shtml。

《电商扶贫，中国东盟减贫合作的新亮点》，中国日报网，2020 -07 -10，http：//cnews. chinadaily. com. cn/a/202007/10/WS5f07debfa310a859d09d7208. html。

《2018 年云南经济运行稳中向好》，中国日报网，https：//baijiahao. baidu. com/s? id = 1623874367711053513&wfr = spider&for = pc。

《澜湄合作减贫项目惠及柬老缅民众》，中国新闻网，2019 - 03 - 20，http：//www. chinanews. com/gn/2019/03 - 20/8785556. shtml。

《泰国减贫瞄准偏远地区教育资源短缺为贫困深沉原因》，中国新闻网，http：//www. chinanews. com/gj/2017/03 - 30/8186968. shtml http：//www. chinanews. com/gj/2017/03 - 30/8186968. shtml。

《"一体化建设"是第 33 届东盟峰会最重要议题》，中国政府网，2018 - 11 - 14，http：//www. gov. cn/xinwen/2018 - 11/14/content_ 5340308. htm。

《中方提议实施"东亚减贫合作倡议"》，中国政府网，2014 - 11 - 13，http：//www. gov. cn/guowuyuan/2014 - 11/13/content_ 2778196. htm。

中华人民共和国昆明海关：《昆明海关服务澜湄合作助力经贸往来 云南与澜湄 5 国去年贸易额逾 811 亿元》，2018 - 01 - 24，http：//www. customs. gov. cn/kunming_ customs/611304/611305/1668310/index. html。

中华人民共和国商务部：《东亚减贫合作示范项目正式启动》，2016 - 12 - 15，http：//www. mofcom. gov. cn/article/i/jyjl/j/201612/20161202211178. shtml。

中华人民共和国驻缅甸联邦共和国大使馆官网，http：//mm. china - embassy. org/chn/。

《亚洲政党扶贫专题会议开幕，胡锦涛向会议发来贺辞》，中央政府门户网，2010 - 07 - 17，http：//www. gov. cn/ldhd/2010 - 07/17/content_ 1656914. htm。

周雷：《疫情之下的缅甸》，2021 - 09 - 03，https：//user. guancha. cn/main/content? id = 283926。

后 记

本书是在云南大学“一带一路”研究院、国际关系研究院、区域国别研究院罗圣荣研究员主持的2016年云南省省院省校教育合作项目“云南参与澜湄合作机制下的国际扶贫开发合作研究”（项目编号：SYSX201602）最终成果的基础上几经修改而成。本项目总体研究策划和设计为罗圣荣研究员；参与项目的成员主要有赵娟（博士）、赵祺（博士）、兰丽（硕士）、马晚琴（硕士）、梁锦荣（硕士）、张新（硕士）等人，他们为项目及本书的完成和完善付出了诸多努力。在项目研究过程中，得到了相关职能部门和部分同行的精心指导和大力支持。在此，对所有支持项目研究完成的职能部门和人员表示衷心的感谢！

此外，由于报告参与人员较多，参考资料繁杂，且几经修改，在标明注释和参考文献时或有疏漏之处，在此向有关成果的专家表示诚挚的歉意！

罗圣荣

2023年8月15日

于云南昆明